はじめての
行動分析学実験

Visual Basicでまなぶ実験プログラミング

CD-ROM付

日本行動分析学会 監修
青山謙二郎・武藤 崇 責任監修
中鹿直樹・佐伯大輔・桑原正修 著

ナカニシヤ出版

『はじめての行動分析学実験：Visual Basic でまなぶ実験プログラミング』の刊行にあたって

日本行動分析学会理事長　藤　健一

　スキナー箱を用いて行う実験研究において，その弁別刺激の制御，オペラント反応の検出，検出した反応と後続する環境事象との関係づけ，強化子の呈示，そして個体の動機づけ操作，これらが全て制御されて初めてそれをスキナー箱を用いた実験研究法，すなわち行動分析学の研究法の実行ということができます。これらの実験の過程の中で，個体の動機づけ操作を除く残りのいずれの過程の制御にも，コンピュータとプログラミングとが深く関わっています。

　もちろん現在のような実験装置やシステムが最初からあったわけではなく，研究の進展や挫折とともにいろいろな工夫や改良，発明がなされてきました。スキナー（B. F. Skinner）の著書 "The shaping of a behaviorist"（1979年）を読みますと，現今のスキナー箱とスキナー箱を用いた研究法とが，いかにして形成されていったかについても，実験装置という「もの」の変遷を通じて知ることができます。また，若き日のスキナーが実験条件と被験体の行動制御のためには，技術的問題の解決と工夫とを決して疎かにしなかった様子も彷彿とします。

　本書の刊行は，行動分析学の実験研究を誰もが容易に習得できて，そして確実に実行できるようにするための環境整備の一環として企画致しました。本書においては，現在のコンピュータ環境において普及している Visual Basic を駆使しながら，行動分析学実験を実際に組み立ててそれを実行する，そのための手順について，プログラミングと実験とに深い経験を持つ3人の方々に執筆をしていただきました。

　本書は，日本行動分析学会創立三十年記念事業の一環として企画刊行されました。さらに，本書を使った学会主催の講習会を予定しております。こういった企画を縁として，多くの会員や行動分析学に関心のある方々が一人でも多く本書を手にとって行動分析学実験研究を実行されることを望みつつ，その実りの多きことを期待致します。

2011年3月26日

はじめに

　本書は行動分析学における各種の実験を"Visual Basic"というプログラミング言語を利用して実施する方法を解説したものです。「刊行にあたって」にもあるように，行動分析学の実験には，弁別刺激の制御，反応の検出，検出した反応と後続する環境事象との関係づけ，強化子の呈示などが必要となります。Visual Basic を使うことで，これらの制御を比較的簡単に行うことができるようになります。ノートパソコンが1台あれば実験室やフィールドで実験を行うことが可能となります。

　本書は4章から構成されています。第1章は Visual Basic の基本的事項を学ぶための章です。第2章以降は，第1章の内容を受けて行動分析学の代表的な分野の実験プログラムについて解説しています。第2章は強化スケジュール，第3章は条件性弁別，第4章は選択行動を扱っています。特に第3章，第4章はプログラミングの解説にとどまらず，条件性弁別や刺激等価性，選択行動や行動経済学といった実験的行動分析における重要なトピックの解説にもなっています。

　Visual Basic を使うのは初めてという人は第1章から順番に読み進めていってください。ある程度 Visual Basic を使ったことがあるという人は，自分の関心に応じて第3章，第4章を選んで読めばよいでしょう。

　本書を読む際には，ぜひコンピュータを手元においで解説されているコードを入力し，実際に動かしながら進めていってください。時にはいくつかの要素を変更してみるとよいでしょう。強化の回数を増やす，FR サイズを小さくするなど簡単なもので結構ですから，自分でコードを変更して動かしてください。プログラムについて学ぶ行動，プログラムを作成する行動にとって，自分でコードを入力して動かしたことに随伴する，「うまく動いた」という状況は非常に大きな強化子として働きます。ぜひ自らをこの随伴性において，プログラムを学び研究に役立ててください。本書が皆さんの研究行動にとってのよき弁別刺激となることを希望します。

　臨床分野や応用分野を希望する人にもぜひ，実験をしたりプログラミングについて学んだりしてほしいと思います。本書の執筆者の一人はもともと動物の行動に関する実験的研究を行っていましたが，最近は応用的な分野での仕事をしています。応用場面での随伴性について考えたり，課題分析の指導をしたりするときには，実験やプログラミングをとおして学んだ分析的な考え方がとても役に立っています。また実験を通じて行動分析学の考え方に習熟することができたのだと思います。

（中鹿直樹）

目　次

『はじめての行動分析学実験：Visual Basic でまなぶ実験プログラミング』の刊行にあたって　*i*
はじめに　*iii*

1章　Visual Basic の基本操作 ———————————————— 1
1.1　Visual Basic を使ってみよう　*1*
1.2　変数の利用　*13*
1.3　条件判断　*15*
1.4　画像の表示　*16*
1.5　Timer コントロール　*21*
1.6　繰り返し処理　*23*
1.7　配列の利用　*25*
1.8　乱数の利用と Form_Load イベント　*30*
1.9　反応の検出（Form_MouseDown と Form_KeyPress）　*34*
1.10　ファイル操作（ファイルへの書き込み）　*37*
　　コラム1　「変数の名前の付け方」　*42*
　　コラム2　「乱数系列の生成」　*42*

2章　強化スケジュール ———————————————————— 45
2.1　FR スケジュール　*45*
2.2　VR スケジュール　*49*
2.3　FI スケジュール　*51*
2.4　VI スケジュール　*53*
2.5　DRL スケジュール　*54*
2.6　VI スケジュールの完成　*56*

3章　見本合わせ ——————————————————————— 67
　　はじめに　*67*
3.1　単純弁別　*74*
3.2　条件性弁別（2選択）　*88*
3.3　排他律　*90*
3.4　条件性弁別（3選択）　*95*
3.5　刺激等価性　*97*

コラム3 「数学の考え方を学ぶ」　101

4章　選択行動 ——————————— 105

4.1　並立スケジュール　105
4.2　並立連鎖スケジュール　119
4.3　価値割引　126
　コラム4　「順序の無作為化」　136
　コラム5　「実験結果の保存」　137

索　引　139

【付録のCDについて】

- 付録のCDには，第2, 3, 4章の各節で解説しているプログラムのコード部分を収録してあります。たとえば，2.5「VIスケジュールの完成」で解説しているコードは 2-5_VI_completed.vb というファイル名で保存されてます。
- Visual Basic がインストールされている PC なら，ファイルをダブルクリックすれば自動的に Visual Basic が起動してコードが表示されます。
- また Visual Basic のコード（拡張子が vb のファイル）は，テキストファイルなのでメモ帳，テキストエディタ，MS-Word などのアプリケーションで開くことができます。自分の使いやすいアプリケーションで開いて確認しながら本書を読み進めてください。

【付録 CD-ROM ご利用上の注意】

- 本書付録 CD-ROM 内容の著作権は編者および執筆者に帰属します。
- 付録 CD-ROM 内に収録されているプログラム，データの使用は，すべてユーザー自身の責任において使用することとし，その使用の正当性や妥当性を問わず，ユーザーが受けたいかなる損害についても，編者，執筆者および発行元であるナカニシヤ出版は，一切の責任を負いません。
- 本 CD-ROM に収録または添付されているいかなる記述も，ユーザーのパソコン環境での動作を保証するものではありません。
- 本 CD-ROM 内に収録されているプログラムやデータの一部または全部を，編者，執筆者および発行元であるナカニシヤ出版に対する書面による許諾を得ずに複製，複写，転載，翻訳，改変，転用すること，および，放送や通信ネットワークで送信，配布することを固く禁じます。

*本書に記載されている Windows, Visual Basic.NET などの社名やソフトウェア商品名，サービス名はそれぞれ各社が商標として登録しています。本書では，それらの会社名・製品名，サービス名などの商標表示®や TM を省略しました。

1章 Visual Basic の基本操作

　この章では，Visual Basic の基本操作について学びます。第2章以降で行動分析学における実験プログラムを作成するのに必要な内容を扱います。Visual Basic.NET，あるいは 2005，2008，2010 のいずれかのバージョンがインストールされている PC があれば大丈夫です。本稿執筆現在，Visual Basic 2010 Express Edition という無料版を Microsoft のサイト
　　　　　http://www.microsoft.com/japan/msdn/vstudio/express/
からインストールすることができます。Visual Basic を持っていない人はインストールしてから始めてください。なお本書の内容は，Visual Basic 2010 に基づいて執筆していますが，上にあげたバージョンであれば問題なく動くと思われます。

1.1　Visual Basic を使ってみよう

　Visual Basic（以下 VB）を起動すると，図 1-1 のような画面が現れます。わからない単語がたくさんでてきますが，気にしないで必要なところだけ見ていくことにしましょう。

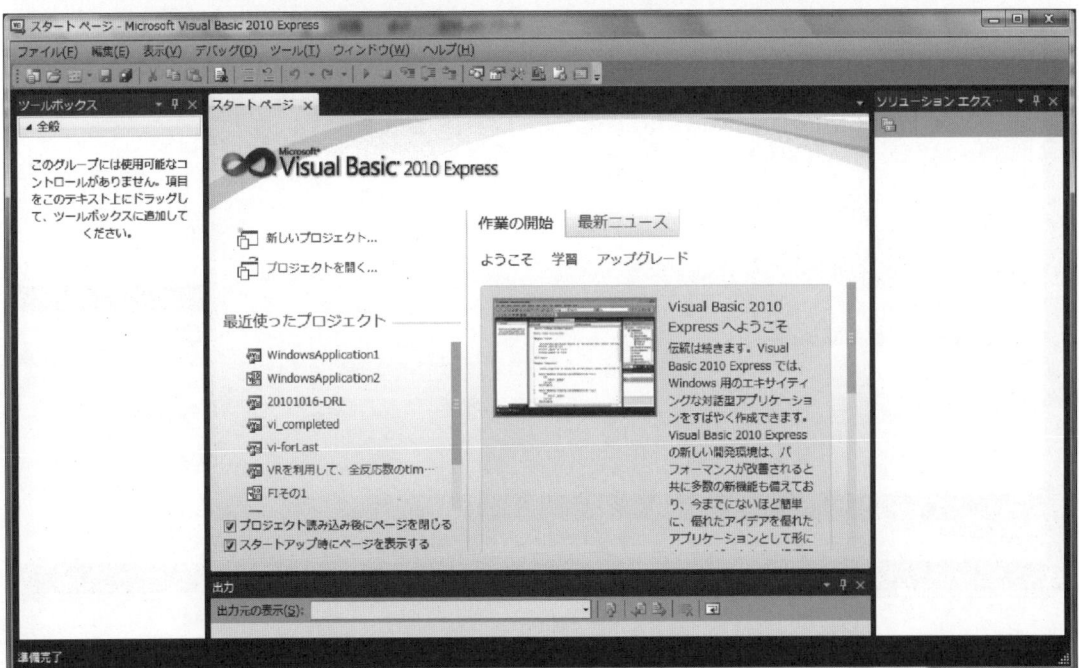

図 1-1

2　1章　Visual Basic の基本操作

　　この画面から［新しいプロジェクト］を選択してください。図1-2の画面に切り替わるので，［Windows フォームアプリケーション］を選びます。すると図1-3のような画面が現れます。これがプログラムを作っていく画面です。

図 1-2

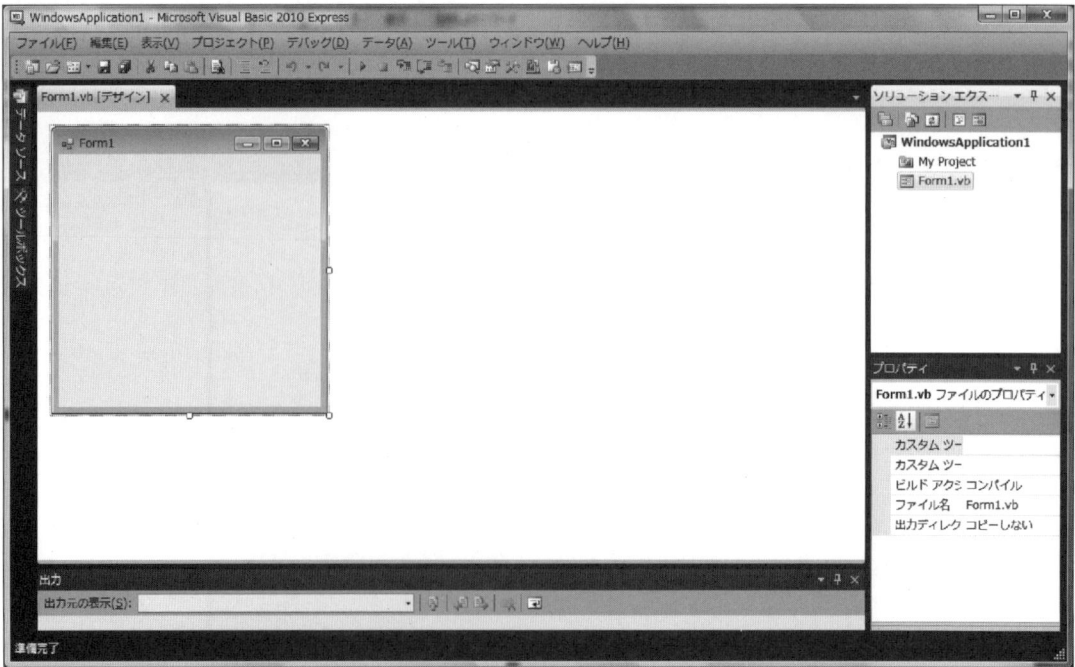

図 1-3

図1-3でまず覚えてほしいのは，Form1と書かれた領域です。このForm（フォーム）はプログラムを実行したときに，前面に出てくるものです。ウィンドウになると思ってください。そのことを実感してみましょう。図1-3の状態で，メニューバーにある［デバッグ］→［デバッグ開始］とクリックしてください（図1-4参照。すぐ下にある＜デバッグ開始＞ボタンを押す，あるいはキーボードのF5を押す，でもかまいません）。すると，From1のウィンドウが現れたでしょう。ふだんWindowsを使っていろいろな作業をしているのと同じ状態です。ドラッグしたり，最小化したり，ウィンドウのサイズを変えたり，といくつかのことができることを試してください。

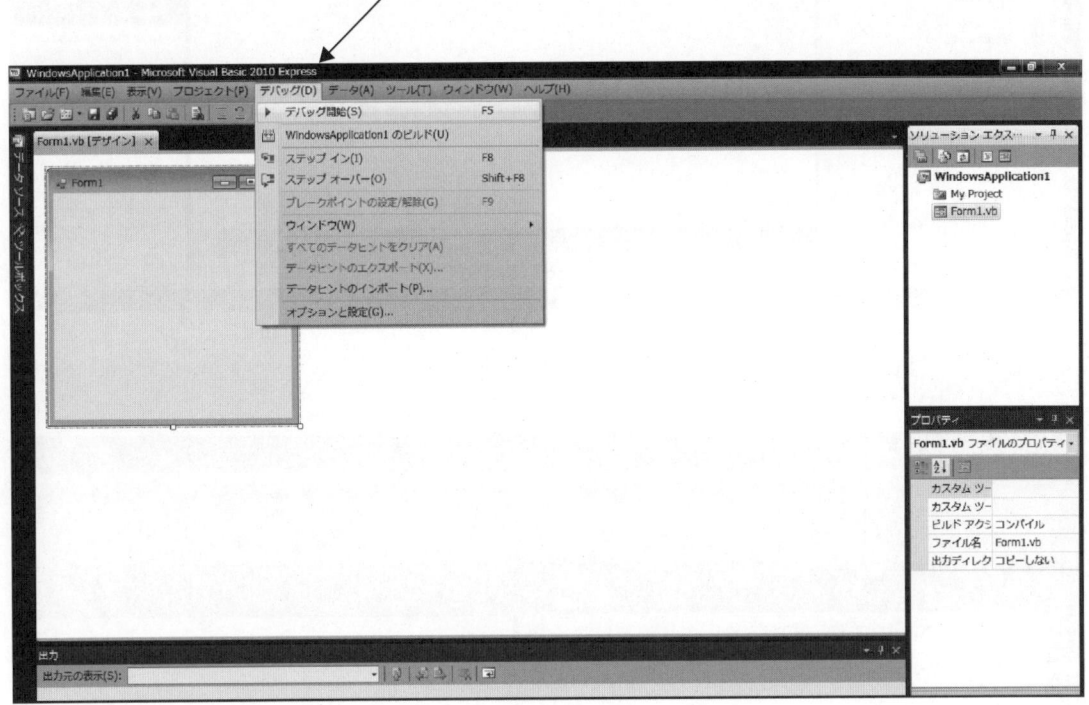

図1-4

一通り試してみたら，元に戻りましょう。ウィンドウの［閉じる］を押すか，VB上で，［停止］ボタンを押せば元の状態（図1-3）に戻ります。

ではもう少し進めてみましょう。VBでプログラミングをするには，3つの仕事を行う必要があります。

①コントロールの配置：コントロールと呼ばれる部品をフォーム上に配置します。
②プロパティの操作：フォームやコントロールの属性を決めます。たとえば，色や大きさといった見た目に関するものや，動作する／動作しない，表示する／表示しない，といった属性を決めます。
③コードの記述：プログラムを使ってどのような動きをさせるか，を記述します。

コントロールとは，フォーム上に配置する部品です。図1-5を参照して画面左から［ツールボックス］を探してください。ツールボックスは初期設定では自動的に隠れる設定となっています。押しピンのアイコンをクリックして（図1-6），常に表示されるようにしてください（図1-7）。

4 1章 Visual Basic の基本操作

図 1-5

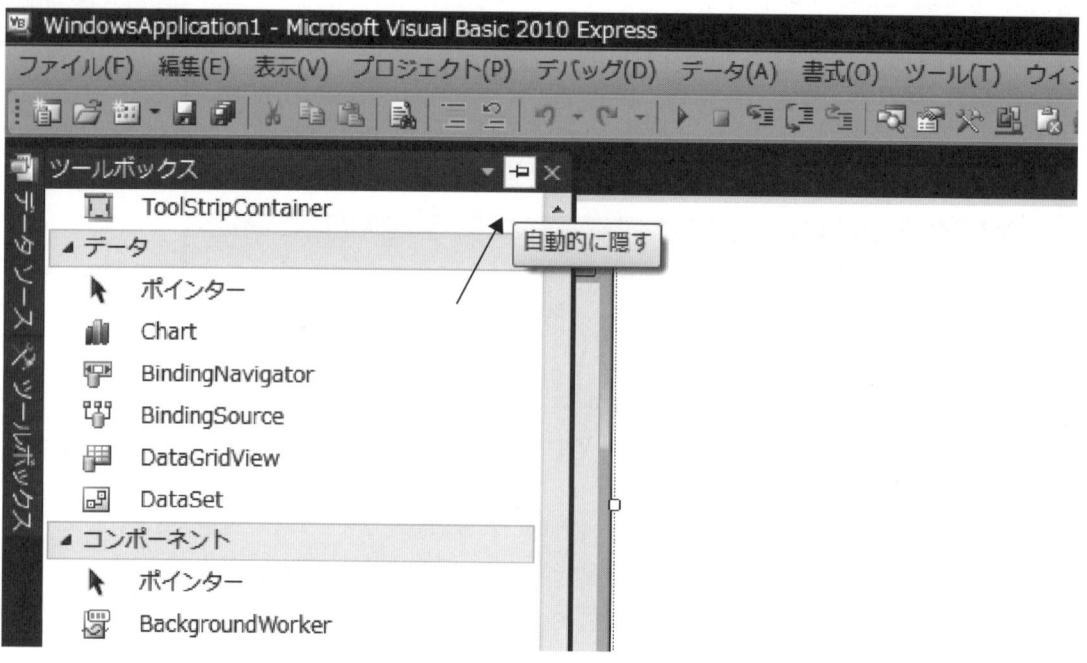

図 1-6

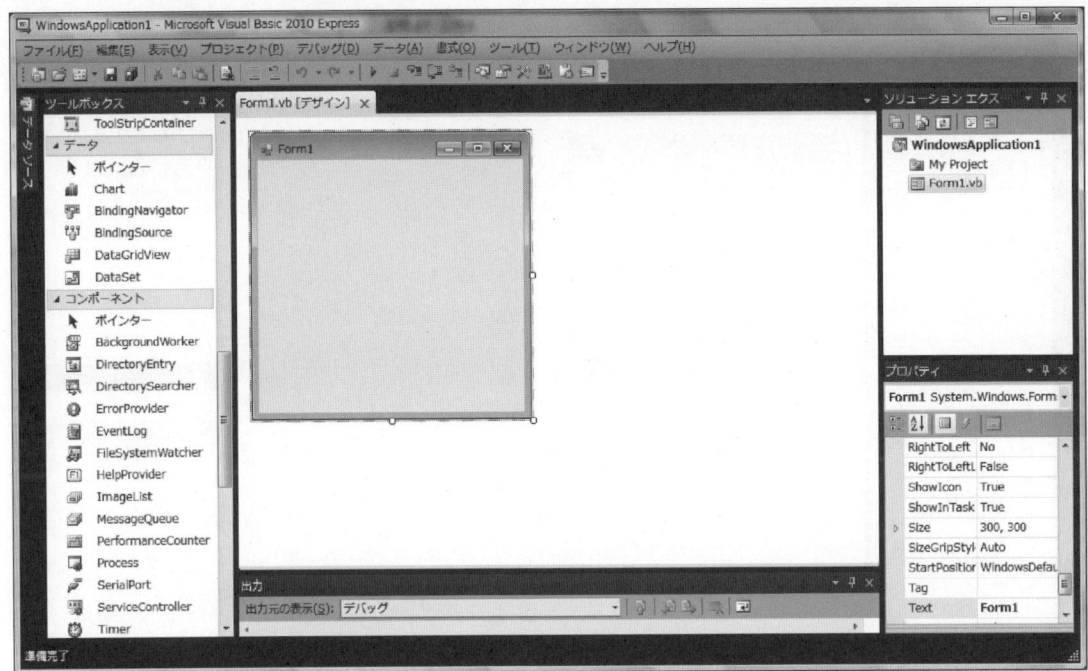

図 1-7

ではコントロールを配置してプロパティを設定し，コードを書いてみましょう。

①ツールボックスで，Button（ボタン）を探してください（図1-8）。ダブルクリックすると，自動的にフォーム上にボタンが配置されます（図1-9）。ダブルクリックではなく，クリックしてフォーム上でドラッグする（MS Word などで四角形を書く要領で）方法もあります。これでボタンを配置することができました。ボタンとはクリックしたり，ダブルクリックしたりするための部品です。

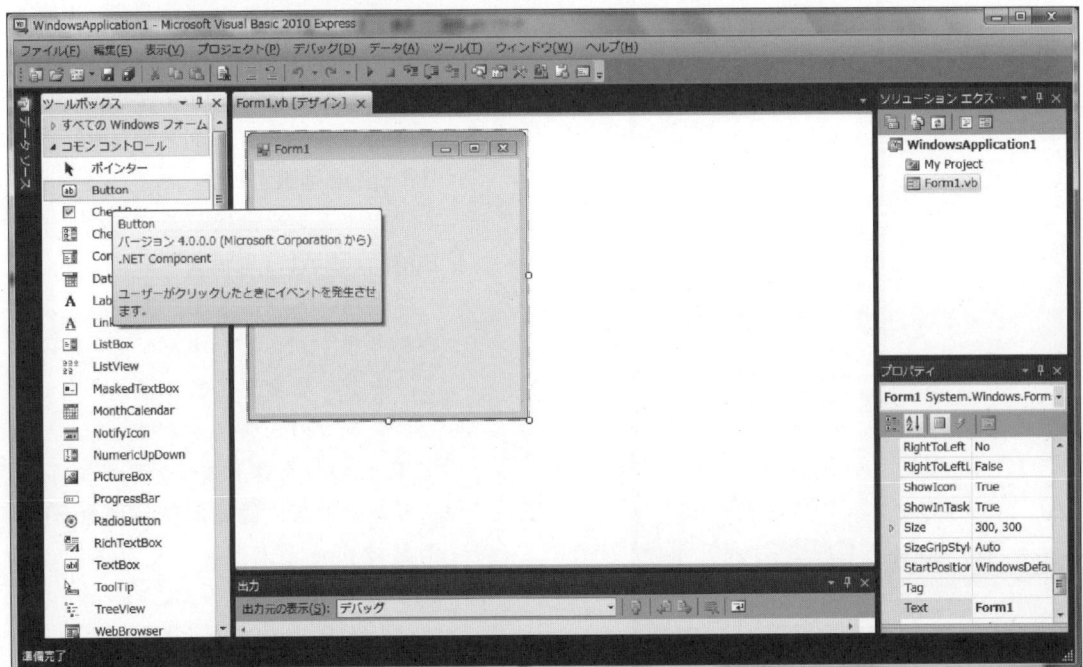

図 1-8

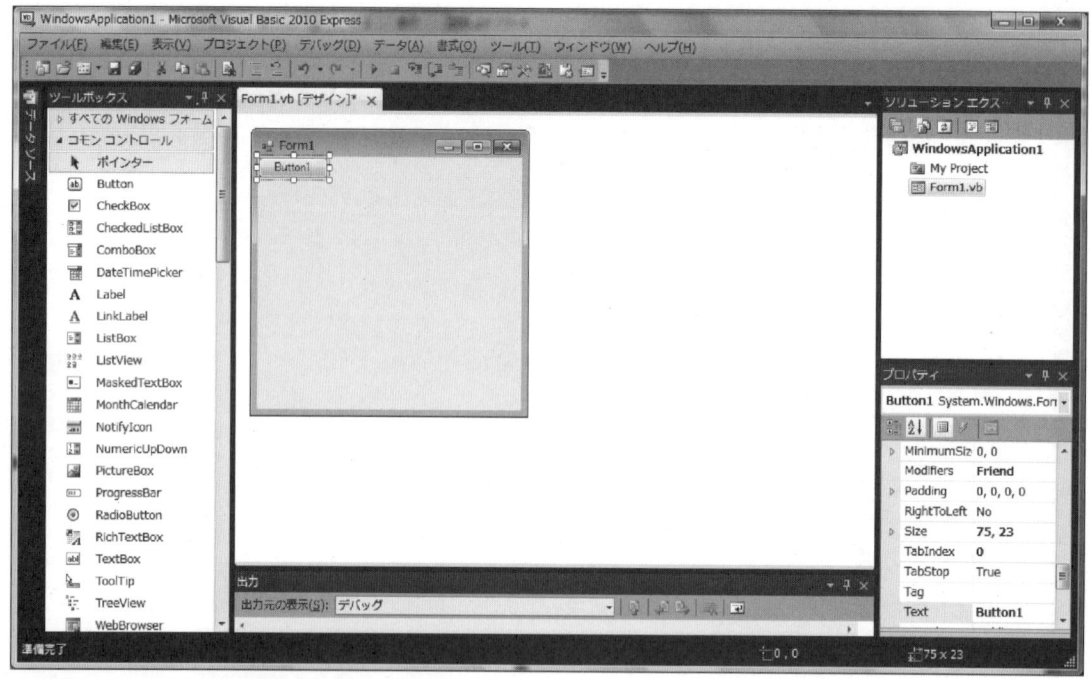

図 1-9

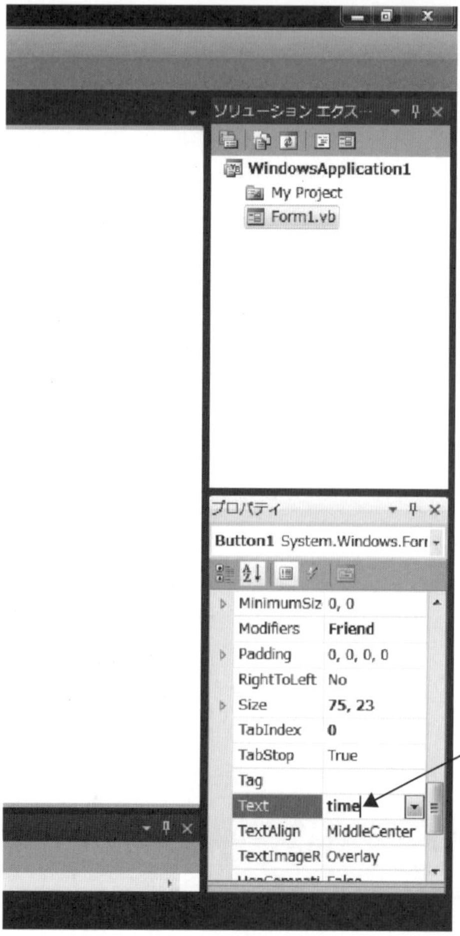

図 1-10

②画面右下にはプロパティウィンドウがあります。左の列には項目名，右の列には設定値が表示されています。何を（項目名）どうする（設定値）と考えましょう。フォーム上でボタンを選択していると，画面右下のこのプロパティと書かれた次の行がButton1となっているはずです。この行がForm1になっているときは，右のリストボタン（▼）からButton1を選択するか，あるいはフォーム上でボタンを選択してプロパティをButton1表示にしてください。

プロパティにはさまざまな設定項目があります。ここでは表示文字の内容とフォントを変更します。プロパティウィンドウのスクロールバーを動かしてTextの行を探します。Textの行をクリックして，設定値欄のButton1を消してtimeと入力してください（図1-10）。Enterを押すか，このTextの行以外の場所をクリックすると，フォーム上におかれたボタンの表示文字がtime

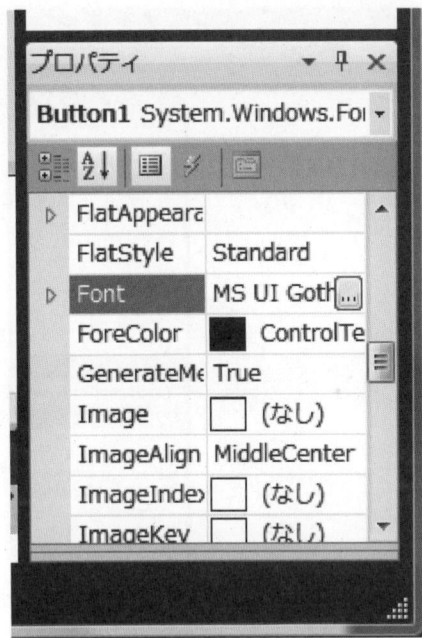

と変更されます。次にプロパティウィンドウの Font に移動して，…のボタンをクリックします（図 1-11）。フォントウィンドウが現れます（図 1-12）。サイズを変更しましょう。9pt になっていますから，少し大きくして 24pt にします。OK を押すとフォントウィンドウが閉じて，フォーム上のボタンの表示文字である time が大きく表示されたことがわかります（図 1-13）。最初に設置した Button1 の大きさが小さい場合は，time の文字がすべて表示されません。その場合はボタンを少し大きくしてください。

図 1-11

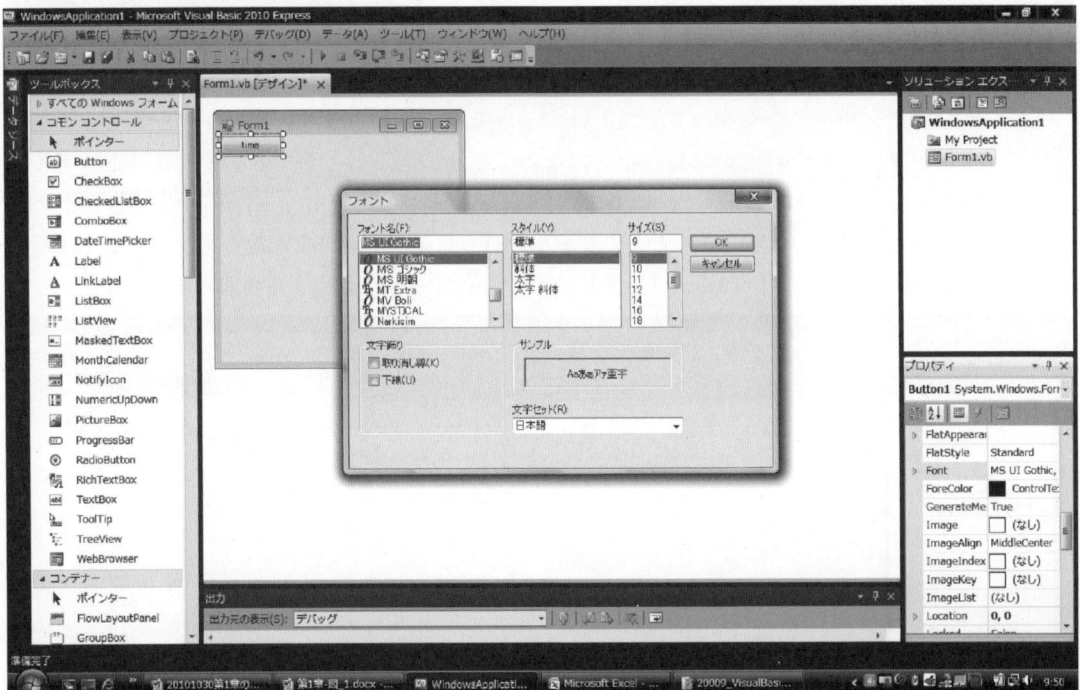

図 1-12

8　1章　Visual Basic の基本操作

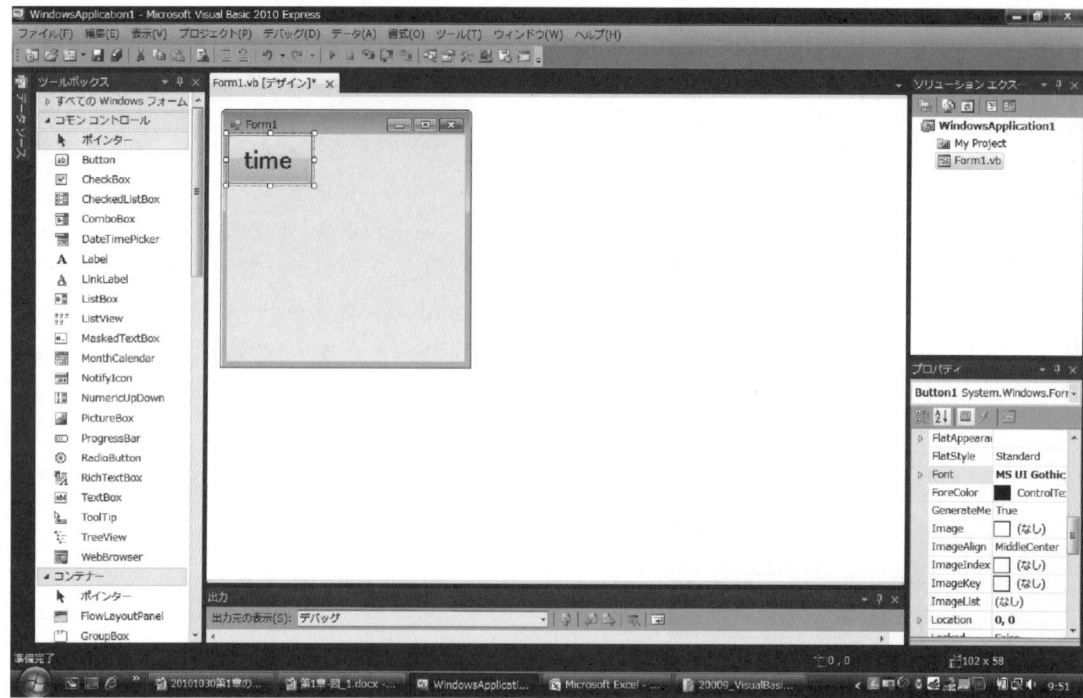

図 1-13

③次はコードを書きます。フォームのボタンの上でダブルクリックしてください。フォームやボタンが見えなくなって，図1-14のような画面が現れます。これがコードを書く画面です。フォームやボタンは隠れただけなので，元に戻ることができます。コードを書く画面の上に，タブが見えています（図1-15）。Form1.vb*　と　Form1.vb[デザイン]*　です。Form1.vb*[デザイン]をクリックすると最初の画面（ボタンを配置してプロパティを設定した画面）に戻り，Form1.vb*をクリックするとコードを記述する画面に戻ります。

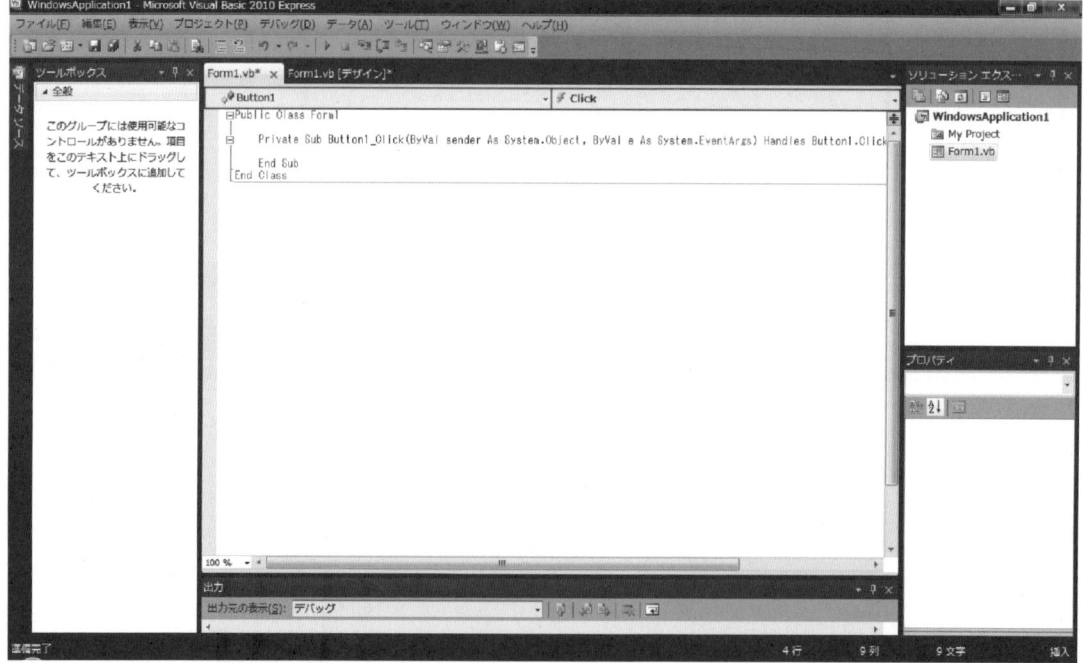

図 1-14

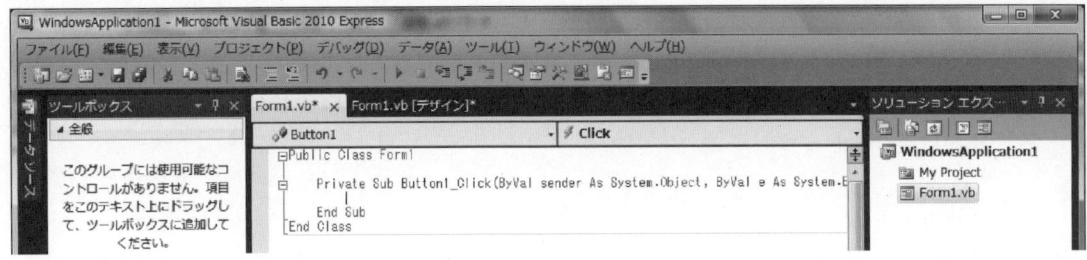

図 1-15

コード記述画面（Form1.vb*）に戻ってください。

```
Private Sub Button1_Click (ByVal ...

End Sub
```

という英語が見えています。この2行は，自動的に表れたものです。この2行の間に，Button1をクリックしたときにどのような動作をするかを記述していきます。

今回は，2行の間に

```
Button1.Text = TimeOfDay
```

という文字を入力して，全体として次のようにします。

```
Private Sub Button1_Click (ByVal ...
    Button1.Text = TimeOfDay
End Sub
```

コードの記述は必ず半角英数（直接入力）で行います。大文字の部分は小文字のまま入力すれば，VisualBasicのエディタ（入力を管理するプログラム）が自動的に大文字にしてくれますので小文字のまま入力します。もし大文字にならないときは，つづりが間違っていますから，修正してください。また入力途中でいくつかの候補が現れることがあります。候補の中から必要なものを選択し，Tabキーを押すと選択したものが自動的に入力されます。これもエディタが手助けしてくれています。うまく使って素早く入力を行いましょう。

これでコードが書けました。では実行してみましょう。

④＜デバッグ開始＞を行ってください（図1-4）。Form1のウィンドウが現れました。ではTimeのボタンをクリックしてください。すると現在の時刻が表示されます（図1-16）。

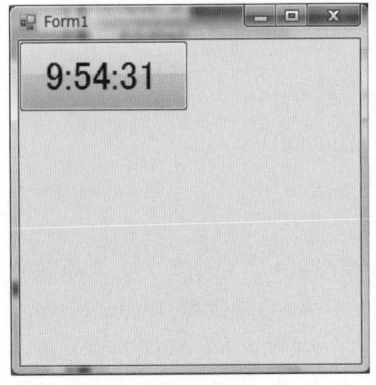

図 1-16

普通の時計と違って時刻は進んでいきません。現在の時刻が知りたかったら，ボタンをクリックします。クリックするたびにその時の時刻が表示されます。

ではこのコードが動いて，時刻が正しく表示されることを確認したら停止して，コードの画面に戻りましょう。

先ほどコード画面で

```
Private Sub Button1_Click (ByVal ...
    Button1.Text = TimeOfDay
End Sub
```

というコードを書きました（1行目と2行目は自動的に表れていました）。この2行の意味は，Button1 をクリックしたら，Private Sub Button1_Click（ByVal...）と End Sub の間に書いてある内容を実行しなさい，という意味です。Private Sub … から EndSub までのまとまりをプロシージャ（procedure）と呼びます。実行するのはコンピュータですから，書いている人がコンピュータに指示をしていることになります。ですから命令（コマンド）という呼び方もします。

では，命令部分の

```
Button1.Text = TimeOfDay
```

の意味を考えましょう。ふつう私たちが＝（イコール）を使うのは，＝の左の値（左辺）と，＝の右の値（右辺）が等しいことを示すときです。コードでも同じように使うこともありますが，今回の意味は「左辺に右辺を代入せよ」という命令となります。

左辺の Button1.Text は，「Button1 の Text（表示文字）」という意味です。Button1 と Text1 の間の . (ドット) は「〜の」と考えてください。

右辺の TimeOfDay は，VB が持っている現在時刻を意味する値です。これらを合わせると，「Button1 の Text に現在時刻を代入せよ」という動作を意味することになります。すべての行をあわせて考えると，

Button1 がクリックされたら ← Private Sub Button1_Click（ByVal …
Button1 の Text に現在時刻を代入せよ ← Button1.Text = TimeOfDay
おしまい ← End Sub

ということになります。VB は何かが起きたら（これをイベントといいます），ある命令を実行するという流れになっています。この流れのことをイベント駆動型（event-driven）と言います。先の例で言うと，Button1 がクリックされたら（イベント），現在時刻を表示せよ（命令）となります。

以上のことをまとめてみましょう。VBでのプログラム作成は，
・フォーム上にコントロール（部品）を配置し，
・コントロールのプロパティを設定し，
・動作をコードで記述する
という流れになっています。実際はこの通りの順番ではなく，それぞれを行き来しながらプログラムを完成していきます。

　ここまでに登場した，イベント，コントロール，フォーム，プロパティ，コード，デザインという用語は，以降の節・章で頻繁に登場します。よく覚えておきましょう。

　ではVBで作成したプログラムの保存，再利用（開く）とVBの終了について覚えましょう。プログラムを作成したら，ほかのアプリケーションと同様に保存して再利用することができます。プログラムを保存するには，メニューから［ファイル］→［すべてを保存］を選択します（図1-17）。すると［プロジェクトの保存］というダイアログボックスが現れます（図1-18）。［名前］は［WindowsApplication1］となっていますが，もちろんわかりやすい名称に変えることができます。［場所］は，プロジェクトを保存するフォルダを指定します。初期設定のままでもOKです。［上書き保存］をクリックすれば保存が完了します。一度，保存を行えば次からは［すべてを保存］を選ぶだけで，同じ名称・同じ場所に保存することができます。なおVBでは，一つのプログラムが複数のファイルから構成されているので，プロジェクトという単位で管理されます。

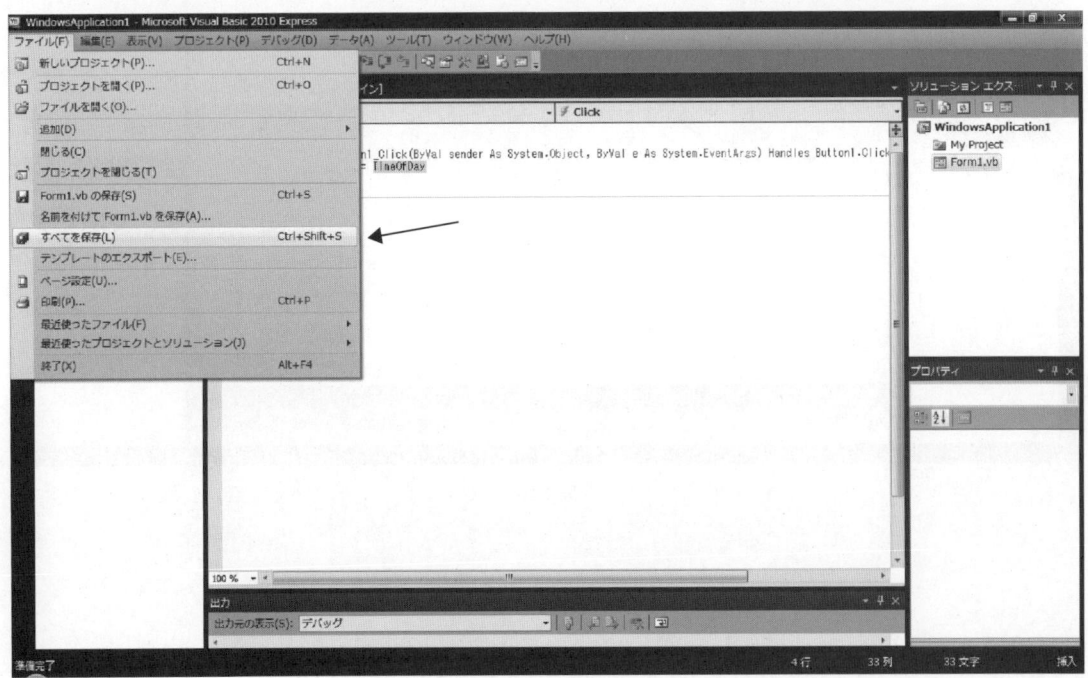

図1-17

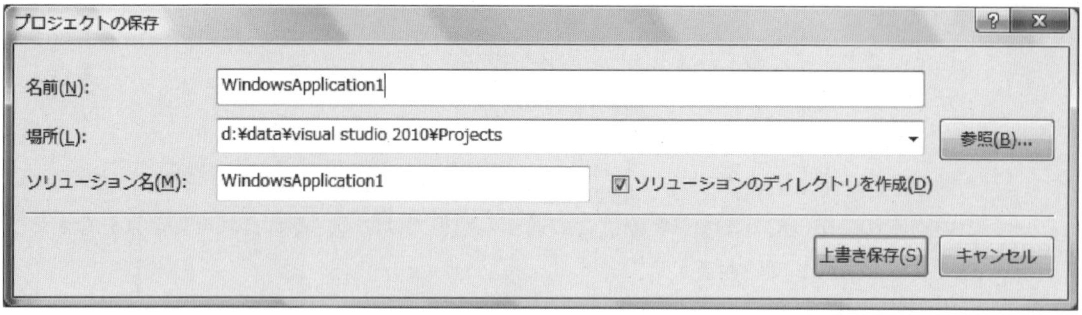

図 1-18

では，作成したプログラムを，改めて利用（開く）しましょう。いったん VB を終了します。VB を終了するには，［ファイル］→［終了］を選ぶ（図 1-19）か，右上の［閉じる］ボタンをクリックします。終了したら再び VB を起動してください。起動すると，図 1-20 のような画面が現れます。その中に［最近使ったプロジェクト］という項目があり，さきほど保存したプロジェクトを選択すれば，開くことができます。開きたいプロジェクトが［最近使ったプロジェクト］の中にない場合は，［ファイル］→［開く］を使って，プロジェクトを探してください。

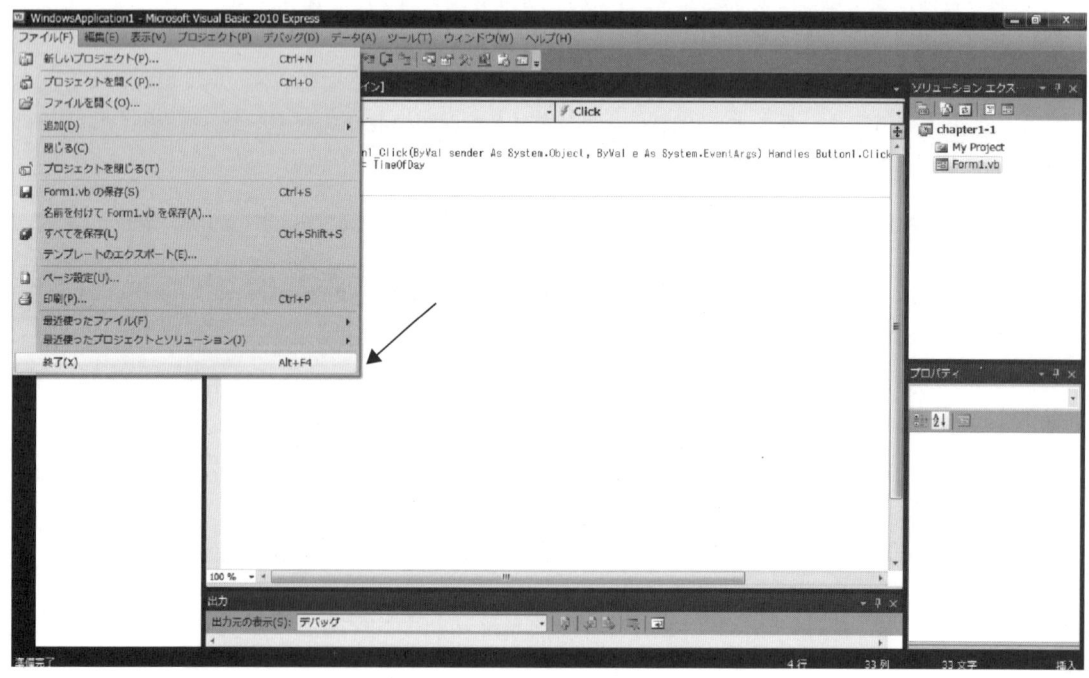

図 1-19

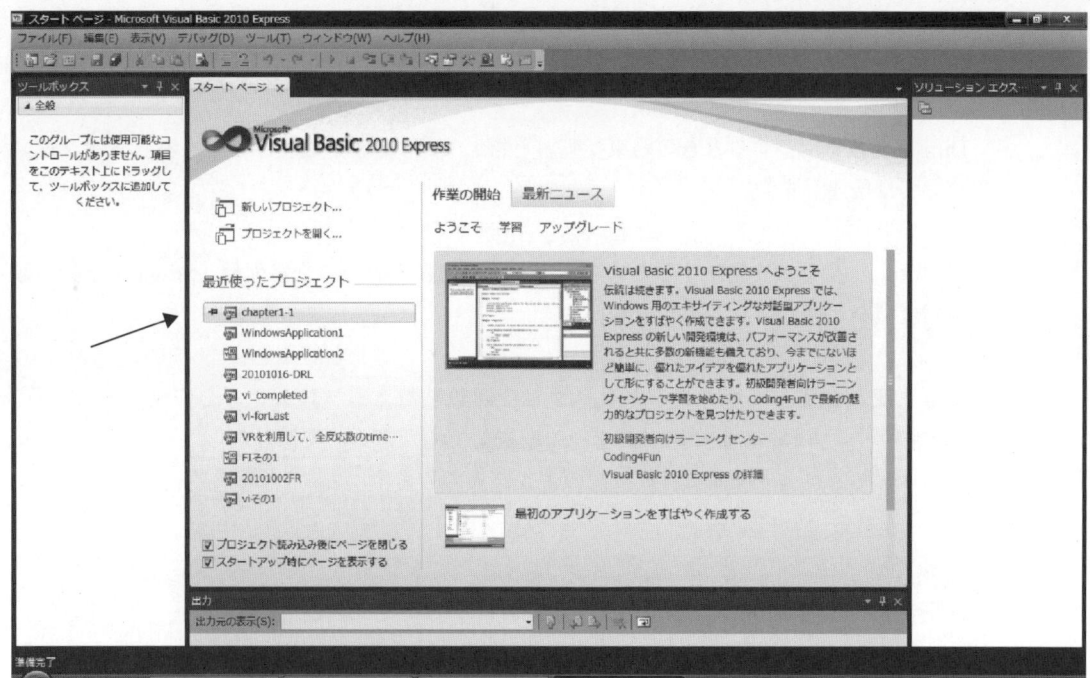

図 1-20

　これで，VBを起動し，簡単なプログラムを作成し，保存，終了，再利用という一連の操作を覚えました。次節からは，VBで実験プログラムを開発するために必要ないくつかの事項について学んでいきます。

■ これからの進め方

　一つの節を終えて次の節に進むときに，プロジェクトを保存せずVBを起動したまま進むことができます。ひとまずVBを終了して，しばらくたってから次節に移る場合は，プロジェクトを保存し，次節で開いてから進めることもできます。あるいはプロジェクトを保存せず，VBを終了し，次節であらためてVBを起動して0の状態からプログラムの勉強を進めることも可能です。いずれの方法がベストかは自分で考えて，次節に進むことにしましょう。同じ節の中では，それまでに作ったものを利用して進めてください。

1.2　変数の利用

　変数について学びましょう。変数とは，何らかの値を覚えておくための入れ物のことです。数学の計算で使ったxやyを思い浮かべてください。xやyには何らかの値を入れて使うことができました。プログラムの変数も同じ役割を果たします。変数を使うには，参照するための「名前」と格納する「データの種類」を決めなくてはいけません。

```
Dim Kotae As Integer
```

これは，Kotaeという「名前」の変数を用意せよ，そのKotaeという変数に入れる「データの種類」はInteger（整数）である，という意味です。

Dimは変数を用意するときの約束で宣言と言います。Staticを使うこともあります。違いについては後述します。

As Integerは整数を格納するための約束です（他にString：文字列型，Single：浮動小数点単精度型などいろいろとあります）。

では，変数を使ってボタンをクリックした回数を数えるプログラムを作成しましょう。VBを起動し，フォーム上にボタンを一つ配置してください。配置したら，ボタンをダブルクリックして，コード画面に移り，次のように入力します。

```
Private Sub Button1_Click(ByVal...
    Static X As Integer
    X = X + 1
    Button1.Text = X
End Sub
```

コードの1行目と5行目は，自動的に表れる行でした。全体でButton1をクリックしたときの処理を記述するものでした。

2行目のX = X + 1は，プログラムではよく使う表現です。XとX + 1が等しい，というのは少し変な感じがしますが，プログラムでは，先にも見たように = は左辺に右辺の値を代入せよ，という意味になりますからここは，Xの値に，X + 1を代入せよという意味です。新しいX（左辺）には，古いXの値に1を加えた値（右辺）を代入せよ，と考えてください。変数を宣言した段階では，その変数の値には0（ゼロ）が入っているとみなされますので，1回目にX = X + 1が実行されると，新しいXの値には，古いXの値（0）+ 1，つまり1が代入されます。2回目は新しいXの値は，古いXの値（1）+ 1が代入されて2となり，3回目は新しいXの値は，古いXの値（2）+ 1が代入されて3となる，というように1ずつ加算された値が代入されていくことになります。

上のコードは，ボタンを押すたびにXの値を1ずつ増やし，ボタンのTextにその値を表示していることになります。ボタンを押す回数を数えて表示するコードを作ったわけです。

では，実行してみてください。1回目にクリックすると，ボタンに1と表示されます。2回目，3回目とクリックするとボタンの文字は2，3と変化していきます。

以上のことを確認したら，いったん停止してコードの一部を書き変えてみます。Staticの部分をDimとしてください。

```
Private Sub Button1_Click (ByVal...
    Dim X As Integer
    X = X + 1
    Button1.Text = X
End Sub
```

　これで実行してみましょう。さきほどStaticを使っていたときと違って，Buttonを何回クリックしても表示は1のままです。

　なぜこのようになるかというと，Private SubからEnd Subの間（これをプロシージャと言いました）でDimを使って宣言した変数は，その間でしか値を保持しないことになっているからです。ボタンを1回クリックすると変数が宣言され，値を1増やし，その値をTextに表示する。次にボタンをクリックすると，再び変数が宣言されて…ということを行うことになって，Xの値は0にリセットされてしまいます。このような制約は後で役に立つことになります。今のところは，変数を宣言する方法として，プロシージャを超えて値を保持するStatic，プロシージャを超えると値を保持しないDimがあると理解してください。

1.3　条件判断

　ボタンを押した回数を数えて表示できるようになったので，次はその回数が特定の条件に合致するかどうかの判断をしましょう。このような判断を「条件判断」と言い，プログラムで重要な役割を果たします。条件判断にはいくつかの方法がありますが，今回はIf..Then～Eslse---End Ifの使い方（If文あるいはIfステートメントと呼びます）を覚えましょう。

　Ifの書式は，次のような形です（前節のコードを変えてください）。

```
Static X As Integer
X = X + 1
If X = 3 Then
    Button1.Text = "OK"
Else
    Button1.Text = "No"
End If
```

　これは，Xの値（ボタンを押した回数）が3ならButton1の表示文字をOKとする。Xの値が3以外ならNoと表示する，というものです。Ifの後に書かれた部分（X = 3）を条件式と言います。この条件式が"正しい"/"正しくない"の判断をして，それぞれに応じた処理をすることができます。"正しい"場合は，Thenの次からの行を実行します。"正しくない"場合はElseの次からの行が実行されます。2行目や4行目のように二重引用符（double quotation "）でくくると，文字列を表示することができます。書けたら実行してみましょう。うまくいったらIf　X = 3の個所を他の数値にして確認してください。

では，もう少し進めましょう。今私たちは，ボタンをクリックした回数を数えてその回数が特定の回数かどうかを判断しています。次は，ボタンを押した回数が偶数か奇数かを判断して，偶数なら"Even"，奇数なら"Odd"と表示するようにしてみましょう。

そのために，Modという演算（計算）を覚えます。Modは割り算の余りを計算するものです。たとえば，

```
10 Mod 3
```

とすると，10÷3＝3…1となりますから，この式の値は（答えは）1になります。商の3は関係なく，余りの1を知ることができます。ふだんの生活では割り算の余りを考えることがそれほどないでしょうが，プログラムではよく使われます。それは，割り算をして余りを知ることで，周期的な出来事を分類することができるからです。たとえば，今日を月曜日として「50日後は何曜日か」ということを考えるときに，同じ曜日は7日ごとにやってきますから，7で割った余りに注目すればよいことになります。具体的には　50÷7＝7…1 商は無視して余りは1です。もし同じ曜日なら余りは0になるはずですから（7日後，14日後…と考えればわかるでしょう），1余るということは今日が月曜日なら次の曜日すなわち火曜日ということがわかります。同じように100日後でも300日後でも何週先かは考えなくとも，7で割って余りに注目すれば，曜日を簡単に知ることができることになります。

さて，今はある数が偶数か奇数かを考えようとしています。もうおわかりですね，偶数とは2で割って余りが0になる数，奇数は余りが1になる数というように余りに注目することで場合分けすることができます。そこで先ほどの問題は次のように書けます（他にもいろいろな書き方が考えられますがここでは省略しています）。

```
Private Sub Button1_Click (ByVal...
    Static X As Integer
    X = X + 1
    If X Mod 2 = 0 Then
        Button1.Text = "Even"
    Else
        Button1.Text = "Odd"
    EndIf
End Sub
```

1.4　画像の表示

　フォーム上に画像を配置しましょう。PictureBox（ピクチャーボックス）コントロールを使います。ツールボックスからピクチャーボックスを選択して，フォーム上に配置します（図1-21，1-22）。配置したら，プロパティの設定をしましょう。まずは表示する画像を決め

ます，これは Image プロパティを使います。図 1-23 を参照して，ピクチャーボックスに表示するための画像を指定します。

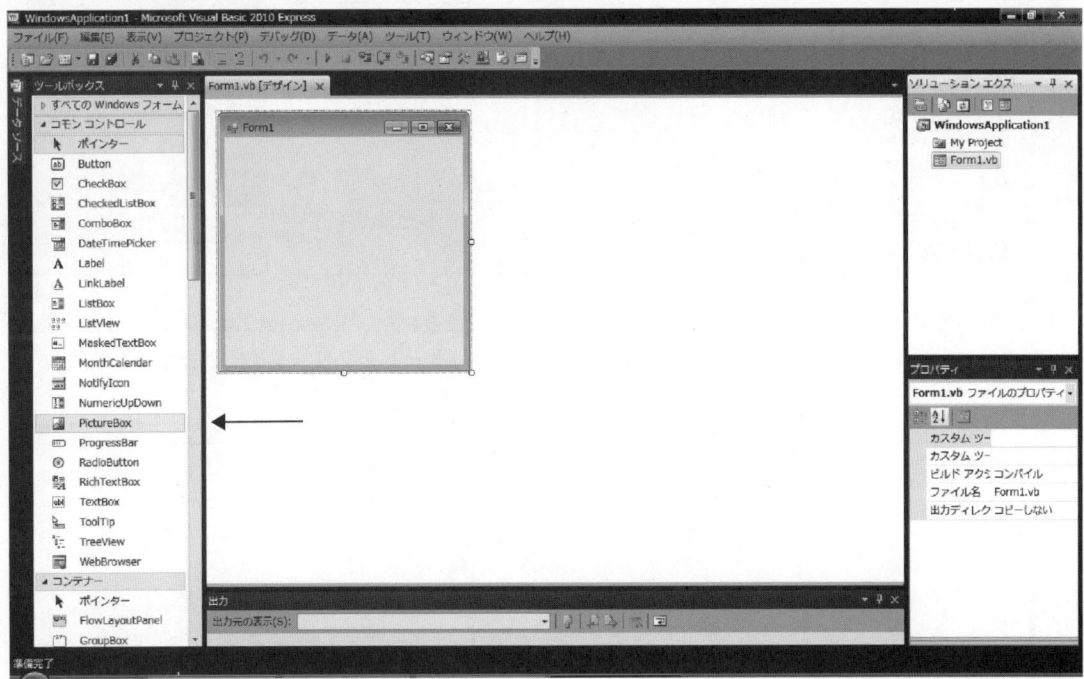

図 1-21

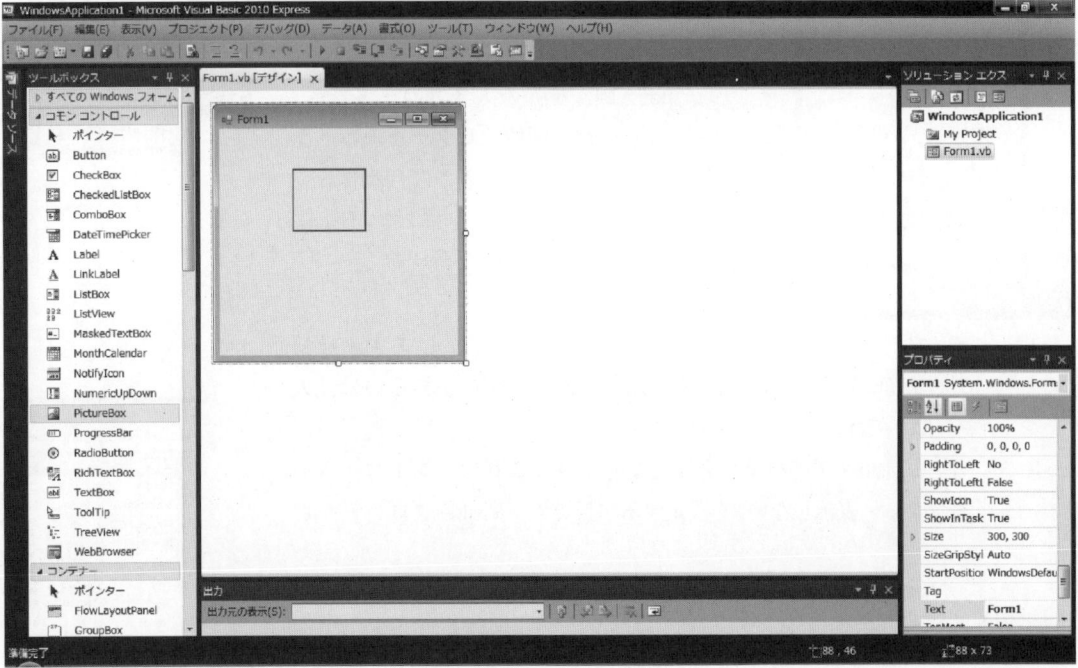

図 1-22

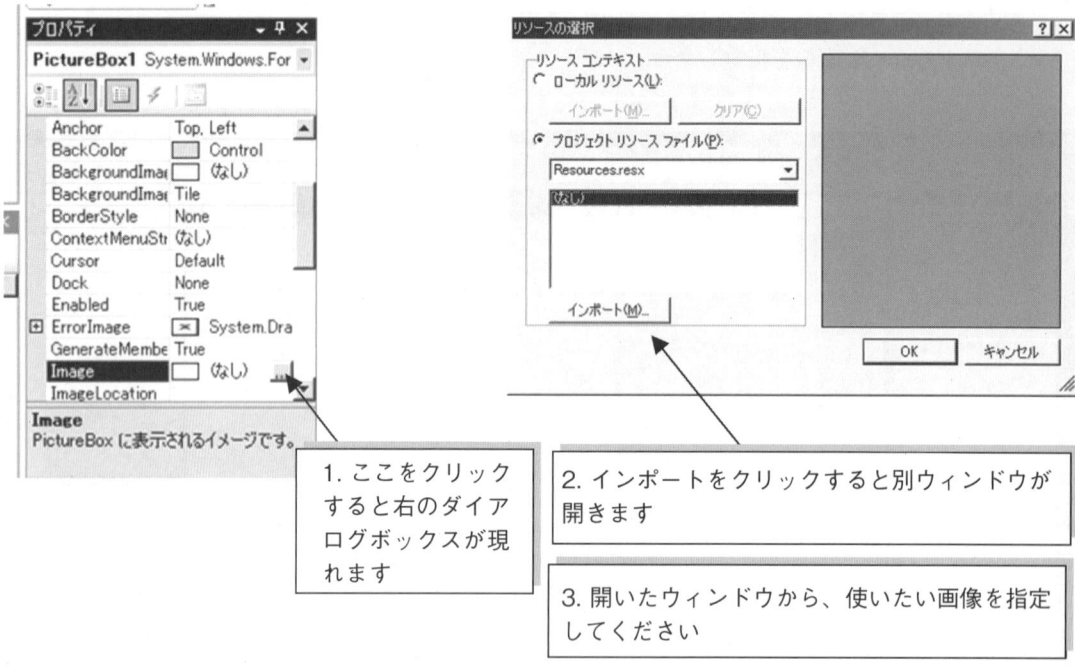

図 1-23

1. ここをクリックすると右のダイアログボックスが現れます

2. インポートをクリックすると別ウィンドウが開きます

3. 開いたウィンドウから、使いたい画像を指定してください

このままだと、元の画像の大きさによって一部しか表示されない、あるいは小さく表示されるなどしてうまくいきませんので、SizeMode プロパティを設定します（図1-24）。SizeMode は、画像をコントロールの大きさに合わせて変化させるかどうかの項目で、次のような設定値があります。

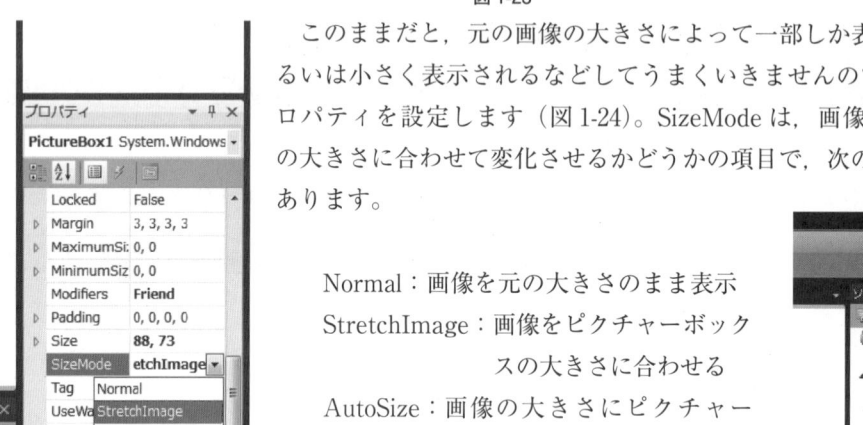

Normal：画像を元の大きさのまま表示
StretchImage：画像をピクチャーボックスの大きさに合わせる
AutoSize：画像の大きさにピクチャーボックスを合わせる

図 1-24

ここでは、StretchImage にします。最初に決めたピクチャーボックスの大きさに画像が縮小あるいは拡大するはずです。

次に Visible プロパティを覚えましょう。これはコントロールを［表示する / 表示しない］を設定する項目です。Visible プロパティは

True: 表示する
False: 表示しない

という2値のどちらかを指定します。まずは True にしておきます（図1-25）。初期設定は True になっています。それでは実行

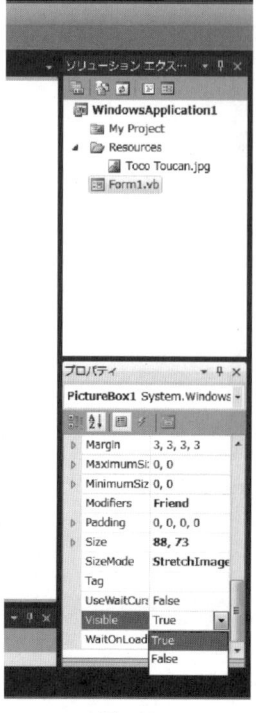

図 1-25

1.4 画像の表示   19

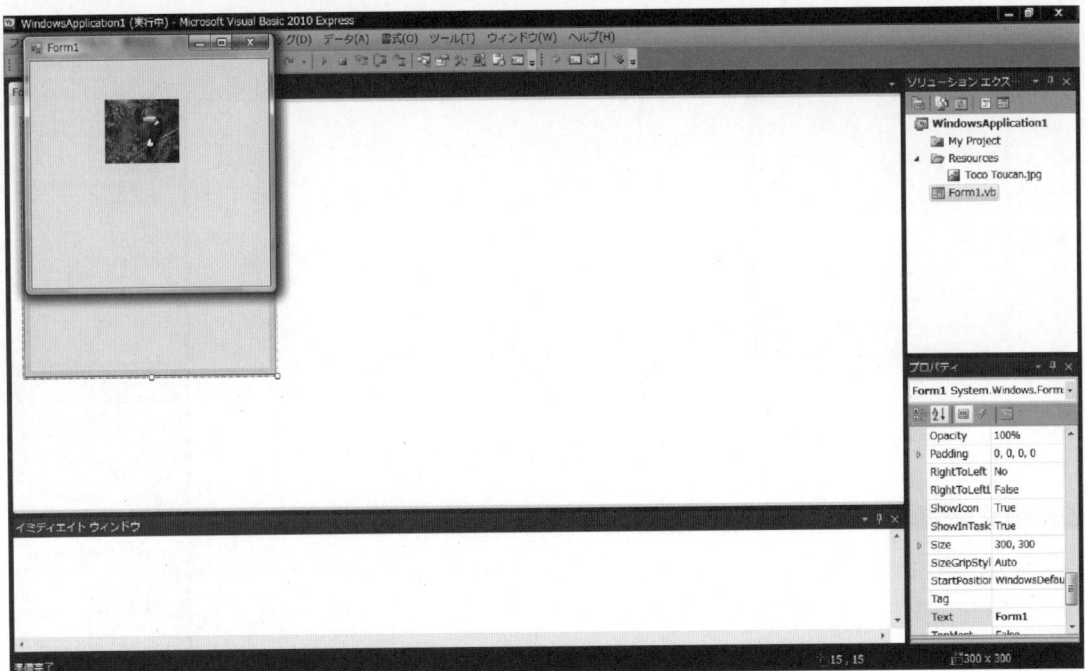

図 1-26

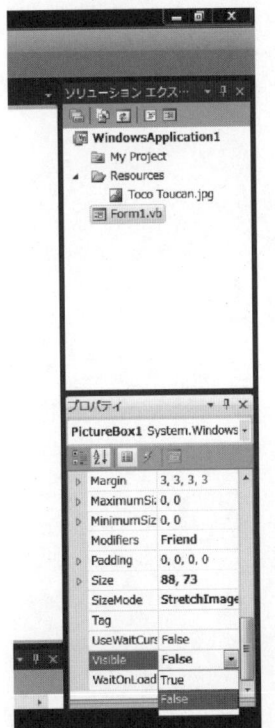

図 1-27

(デバッグ開始) してください。指定した画像がフォーム上に表示されます (図 1-26)。いったん停止して，今度は Visible プロパティを False にしたうえで実行しましょう (図 1-27)。するとフォーム上には画像が表示されなくなります (図 1-28)。

ここでプロパティとコードの関係について整理しましょう。プロパティで設定できる項目 (ピクチャーボックスの場合なら，Image, SizeMode, Visible など) は，コードの記述によりプログラム開始 (実行) 後に再設定可能です。つまりプロパティはプログラムが開始されたときの状態 (初期値) を設定するもので，コードはプログラムが開始された後，イベントの発生をきっかけに状態をどのように変化させるのかを記述するものと言うことができます。

次の問題を考えてください。

問題) ボタンを押すたびに画像の表示／非表示を切り替えるコードを作成してください。

図 1-28

　ボタンが必要なので，フォーム上にボタンを1つ置いてから考えましょう。ヒントは〈PictureBox1.Visible を True or False で設定すること〉です。前節の最後のコードを少し修正するとできるはずです。

　できましたか？　四角の部分が修正された個所です。

```
Private Sub Button1_Click (ByVal...
    Static X As Integer
    X = X + 1
    If X Mod 2 = 0 Then
        PictureBox1.Visible = True
    Else
        PictureBox1.Visible = False
    EndIf
End Sub
```

あるいは

```
Private Sub Button1_Click (ByVal...
    If PictureBox1.Visible = False Then
        PictureBox1.Visible = True
    Else
        PictureBox1.Visible = False
    EndIf
End Sub
```

というような書き方もできます。ここでは，条件式で PictureBox1 の Visible プロパティが False かどうかを確認しています。False なら True に，そうでなければ（True なら）False にします。こちらの書き方のほうが，ボタンをクリックした回数を数える必要もなく偶数や奇数の判断も不要ですからスマートな書き方と言えるでしょう。

1.5 Timer コントロール

　Timer（タイマー）コントロールは，一定の時間間隔ごとに Tick イベントを発生するコントロールです。Tick イベントはボタンをクリックしたときの Click イベントと同じような働きをしますが，一定の時間間隔で自動的に発生する点が異なります。一定の時間間隔でイベントが発生するので，自動的な処理や時間に関する処理によく使われます。

　まずはタイマーコントロールを配置しましょう。ツールボックスのコンポーネントにありますので（図1-29），選択して配置します。タイマーコントロールは，プログラムを実行しても表示されないので，フォーム上に配置しても自動的にフォーム下の領域に配置されます（図1-30）。

　タイマーコントロールで重要なプロパティは，Interval と Enabled です。

　　Interval：タイマーコントロールが作動する（= Tick イベントが発生する）時間間隔を設定します。単位はミリ秒（msec.）です。
　　Enabled：タイマーコントロールを　作動させる / 作動させない　を決めます。Picturebox の Visible と同様に　True/False のいずれかで設定します。

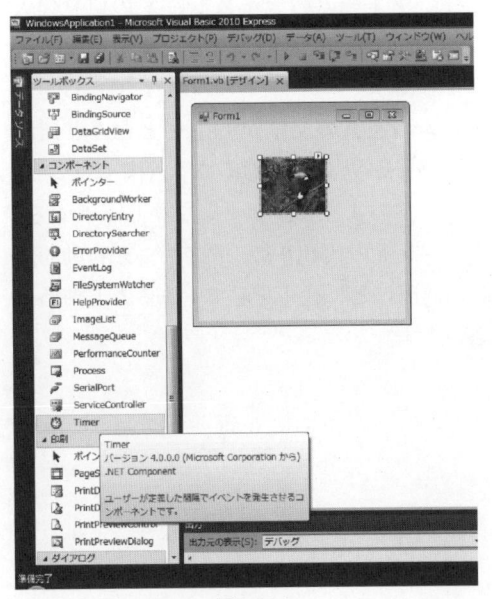

図 1-29

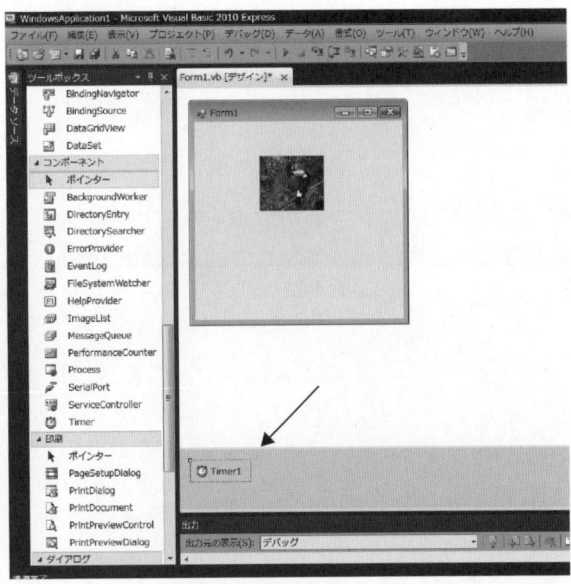

図 1-30

ここでは，Intervalの値を100，EnabledをTrueにしておきます（図1-31）。

では，タイマーコントロールを実際に使ってみましょう。デザイン画面のタイマーコントロール上でダブルクリックしてコード画面に移ります。

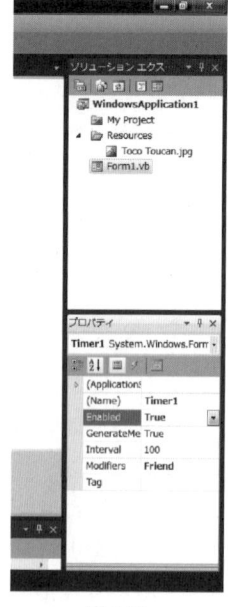

図 1-31

```
Private Sub Timer1_Tick (ByVal...

End Sub
```

という文字が現れますから，間の行にコードを書いていきます。

```
Private Sub Timer1_Tick (ByVal...
    Static Y As Integer
    Y = Y + 1
    Me.Text = Y
End Sub
```

図 1-32

1行目は整数を入れる変数としてYを用意せよ，でしたね。2行目はそのYを1ずつカウントアップする書き方でした。TimerTickイベントは設定したInterval値ごとに自動的に発生するので，この場合は100ミリ秒ごとにTimerTickイベントが発生し，Yをカウントアップしていくことになります。最後のMe.TextのMeはForm1を指します。フォームのテキストにYの値を代入（つまりは表示せよ）ということです。では実行してみましょう。

フォームの左上の文字が1,2,3,…とどんどん増えていく様子が見えればOKです（図1-32）。今までのコードのように，ボタンをクリックする，というイベントの代わりに，タイマーが自動的に一定時間間隔ごとに仕事をしてくれることがわかると思います。

次はタイマーコントロールを使って，ピクチャーボックスの表示/非表示を切り替えてみましょう。TimerTick のコードに次の四角の部分を加えます。

```
Private Sub Timer1_Tick (ByVal...
    Static Y As Integer
    Y = Y + 1
    Me.Text = Y
    If Y Mod 5 = 0 Then
        PictureBox1.Visible = True
    Else
        PictureBox1.Visible = False
    End If
End Sub
```

追加できたら，実行してみましょう。フォーム上の数値がカウントアップしていくのにつれて，5,10,15…と 5 の倍数の時にだけ画像が表示されます。速すぎてわからないかもしれません。そのときは，タイマーコントロールの Intereval プロパティの値を 100 のかわりに 300 や 500 というような大きな値にするとわかりやすいでしょう。

1.6 繰り返し処理

ここでは繰り返し処理について学びます。人間が"ぱっと"できてしまう計算や処理をコンピュータに実行させようとすると，繰り返し処理（ループ処理）が重要になってきます。また実験のプログラムを組むときにも繰り返し処理は必要となります。いくつかの方法が用意されていますが，ここでは For 〜 Next（For 〜 Next ステートメント）の使い方を覚えます。まずは For 〜 Next の書式について

```
For I = x To y Step z
    ＊ここに繰り返しの対象となるものを書く
Next
```

I は任意の変数（文字）を使います。慣例的に I が使われることが多いです。
x, y, z は任意の整数です（変数でも OK）。Step z の部分は省略することができます。
　　x：初期値
　　y：終値
　　Step z：x から y まで z ずつ増やしていくことを示す（増分）。Step 以下を省略すると
　　　　　　増分は 1 となります。
つまり上の書式のコードは，I の値が x から y になるまで z ずつ増やしてく，その間＊の部分を繰り返せ，という意味になります。

具体的に考えてみましょう。フォーム上にボタンを置き，ボタン上でダブルクリックしてコード画面を呼び出し，次のコードを書いてください。

```
Dim I As Integer
For I = 1 To 10
    Debug.Print ("☆")
Next
```

2行目のDebug.Printは，イミディエイトウィンドウ（Immediate Window）に（ ）内のものを書きだす，という命令です。"☆"と" "でくくっているのは，☆が文字列だからです。イミディエイトウィンドウはプログラム開発途中やデバッグ（debug: 虫取り，プログラム上の誤りを取り除くこと）のときに，式や変数の値を評価する目的で使います。プログラムの経過を知るのに便利です。このイミディエイトウィンドウを使ってFor～Nextの使い方を理解しましょう。

実行するとイミディエイトウィンドウに☆が10個表示されるはずです（図1-33）。イミディエイトウィンドウが表示されない場合は，メニューの［デバッグ］→［ウィンドウ］→［イミディエイト］をクリックして表示させてください。For～NextでIの初期値が1，終値が10，増分は省略されているので1ですから，Iの値が1,2,3...10になるまで繰り返される，つまりは10回繰り返されることになるわけです。

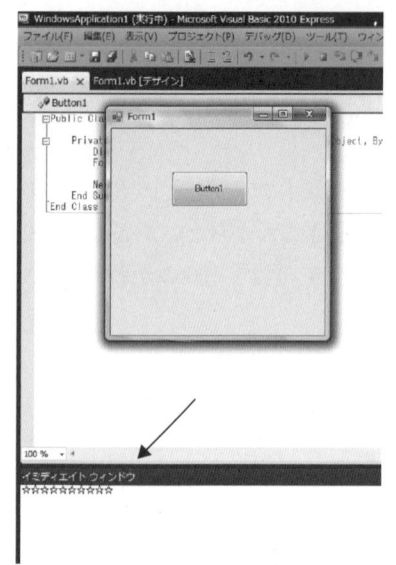

図1-33

上のコードを改変してButtonを押すとイミディエイトウィンドウに1,2,3...15という数値が表示されるようにしてみましょう。

```
Dim I As Integer
For I = 1 To 15
    Debug.Print (I)
Next
```

四角で囲った部分が修正した個所です。まず1から15まで，なので終値を15にします。そして表示するものは1,2...15という連続した数値ですが，その部分にはIを使用しています。Iは1,2,...と増えていくのでそれを利用するわけです。

次の問題を考えましょう。For～Nextを使って，1,2,3...10までの合計を計算し，合計をイミディエイトウィンドウに表示するようなコードを作成します。

```
Dim I As Integer
Dim Goukei As Integer
For I = 1 To 10
    Goukei = Goukei + I
Next
Debug.Print (Goukei)
```

Dim Goukei As Integer は，合計を求めるために Goukei という変数を用意しています。For ～ Next の中にある Goukei = Goukei + I は Goukei という変数に 1,2,3.. と次々に足してくコードです。10 を足すまで繰り返します。

最後の Debug.Print（Goukei）は，イミディエイトウィンドウに最後の合計，つまり 1 + 2 + … + 10 の結果を表示するための命令です。

1.7 配列の利用

まずは，マウスでボタンをクリックする間隔の測定をしましょう。
Microsoft.VisualBasic.Timer という Timer 関数を使います。これは当日午前 0 時からの経過時間を秒で示す関数です。Timer 関数の値は整数（Integer）ではなく，単精度浮動小数点（Single）という型の値になります。

フォーム上にボタンを一つ置き，Timer 関数を使ってボタンをクリックしたときの時刻を秒で表すコードを書きましょう。

```
Private Sub Button1_Click (ByVal...
    Debug.Print (Microsoft.VisualBasic.Timer)
End Sub
```

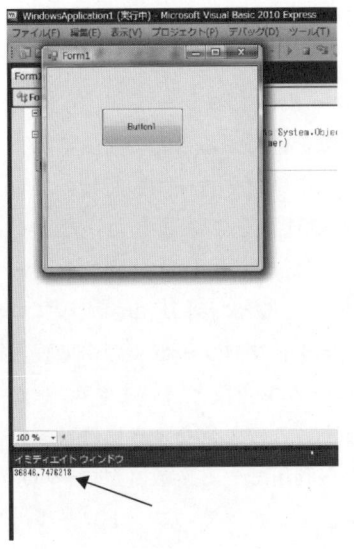

図 1-34

2 行目の Debug.Print はイミディエイトウィンドウに（ ）内の値を表示するものでした。実行して確認してみましょう。すると図 1-34 のように小数点付きの数値が表示されます。これがクリックしたときの時刻の値で，当日午前 0 時からの経過秒数です。

今度は，ボタンを何回かクリックしたときの，クリックとクリックの間の時間間隔を表示するコードにしていきます。上に書いたコードを下のように書き換えます。

```
Private Sub Button1_Click(ByVal...
Static RT, Temp As Single
    RT = Microsoft.VisualBasic.Timer - Temp
    Temp = Microsoft.VisualBasic.Timer
    Debug.Print(RT)
End Sub
```

詳しく見ていきましょう。

2行目（Static RT, …）は変数の宣言です。，（コンマ）で区切って2つの変数（RTとTemp）を1行で宣言しています。変数の名前についてですが，RTは反応時間（Reaction Timeの頭文字をとったもの），Temp（Temporaryの略）は一時的に値を保持するときによく用いる名前です。変数の名前は一部の制限を除いて好きなものを使ってよいのですが，あまり簡略化すると後でわかりにくくなりますし，あまり長い名前だと入力するのが大変です（コラム1「変数名について」参照）。変数RT, TempのAsの後ろがSingleとなっています。これは単精度浮動小数点を格納するための宣言です。Single型のTimer関数の値を保持するためにIntegerではなくSingleとしています。

3行目（RT = Microsoft.VisualBasic.Timer - Temp）は1回目のクリック時は意味がありません。2回目以降に意味を持ちます。Timer関数の値からTempの値を引くことで，直前のクリックから今回のクリックまでの時間間隔を計算しているわけです。

4行目（Temp = Microsoft.VisualBasic.Timer）では，Tempという一時的な変数に今回クリックしたその時点でのTimer関数の値を代入しています。Tempに値を保持しておいて，次のクリック時に直前のクリック時の値として呼び出すために用います。

5行目（Debug.Print（RT））はもうわかりますね，イミディエイトウィンドウに反応時間を表示します。

では上のコードを実行してください。マウスをクリックするごとに，直前のクリックと今回のクリックの時間間隔がイミディエイト・ウインドウに表示されます。

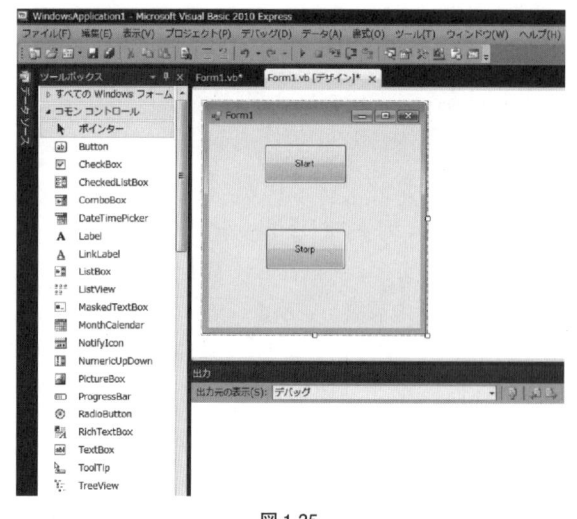

図 1-35

今度は，ボタンをもう1つ用意して，2つのボタンをクリックする時間間隔の測定をしましょう。さきほどのフォームにボタンを追加してください。初めのボタンをStart，後から追加したボタンをStopという名称に変更しましょう（図1-35）。

ここで新しい事項を覚えます。それはすべてのコントロールのプロシージャ（p.10参照）の前で変数を宣言することです。これまでの変数は，あるコントロールの特定のプロシージャの中で宣言していました。たとえば，先のコードは，Button1というコントロールをクリックしたことで呼び出されるプロシージャの中でStatic RT, Temp As Singleと宣言をしています。プロシージャの中で宣言した変数はそのプロシージャの中でしか利用できません（ローカル変数と言います）。しかしある変数を他のプロシージャでも利用したいことがあります。このようなときにはローカル変数ではなく，同一フォーム内のすべてのプロシージャから利用できる変数（グローバル変数と言います）を使わなければなりません。そのための宣言を，すべてのコントロールのプロシージャの前で行うのです（図1-36）。

いま作ろうとしているのは，StartボタンをクリックしてからStopボタンをクリックするまでの時間を計るプログラムです。StartボタンをクリックしたときのTimer関数の値を何らかの変数に入れておき，StopボタンをクリックしたときのTimer関数の値から引くことで時間間隔が求められます。Startボタンというコントロール（コード上はButton1）でのClickプロシージャ内で使った変数（その変数にはTimer関数の値が入っています）を，別のStopボタンというコントロール（コード上ではButton2）でのClickプロシージャで利用しなければなりません。

では図1-36を参照して，矢印の個所に

```
Dim RT, Temp As Single
```

の宣言文を書いてください。

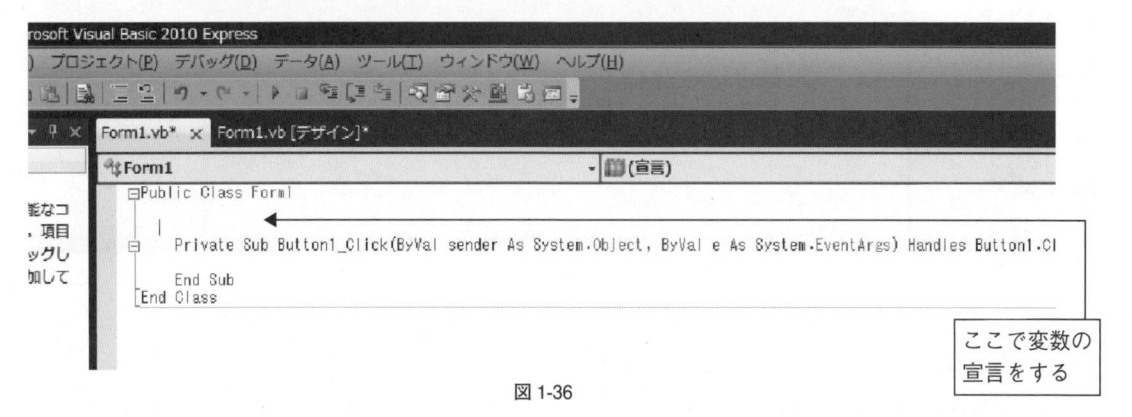

図1-36

ついで，全体を下のコードのように入力してください。なお途中の点線は，区切りを明確にするためのものです。実際のVBの画面でもプロシージャごとに線が引かれているはずです。

```
---------------------------------------------
Dim RT, Temp As Single
---------------------------------------------
Private Sub Button1_Click(...)
   Temp = Microsoft.VisualBasic.Timer
End Sub
---------------------------------------------
Private Button2_Click(...)
   RT = Microsoft.VisualBasic.Timer - Temp
   Debug.Print(RT)
End Sub
---------------------------------------------
```

書けたら実行して確認しましょう。

確認できたら，少し変えてみます。ツールボックスを使ってフォーム上にLabel（ラベル）コントロールを配置します（図1-37）。ラベルは，テキスト（文字）を表示するためのコン

トロールです。ラベルに，Start から Stop までの経過秒を表示するように変えてみましょう。上のコードを，次のように変えます。宣言部分は同じなので省略しています。

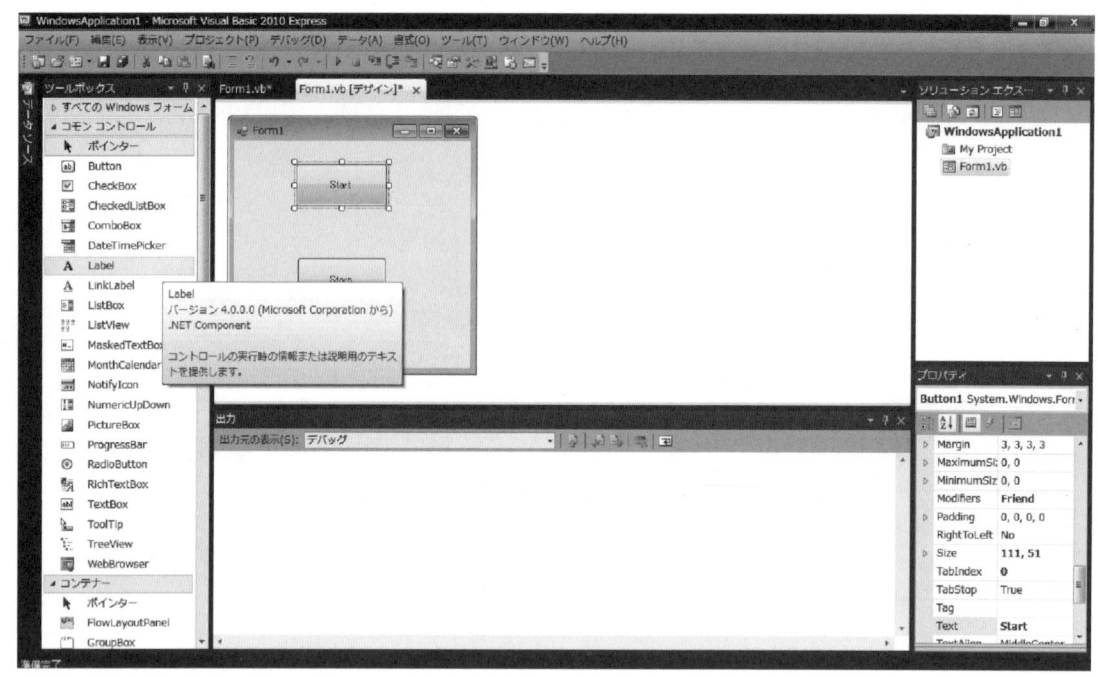

図 1-37

コード 1

```
Private Sub Button1_Click(ByVal...)
    Temp = Microsoft.VisualBasic.Timer
    Label1.Text = "ReactionTime"
End Sub
----------------------------------------------
Private Button2_Click(ByVal...)
    RT = Microsoft.VisualBasic.Timer - Temp
    Label1.Text = RT
End Sub
```

配列を学びます

さきほど作成したコードは，Start ボタン（Button1）をクリックしてから Stop ボタン（Button2）をクリックするまでの経過時間を測定して，ラベルに表示するものです。Start ボタンをクリックして Stop ボタンをクリックするのを一つの試行（trial）と考えるとして，毎回の試行の経過時間を記録していくことを考えましょう。値を覚えておくためには，変数が必要です。何回も繰り返す試行の経過時間を覚えておくための変数はどうしたらよいでしょう。1 回の試行ごとに異なる変数を使うとすると，Start から Stop という試行を 10 回行うとしたら，変数が 10 個，100 回行うとしたら変数が 100 個必要になってしまいます。これでは変数を扱うのが大変な作業となります。このような大量のデータを扱うために用い

るのが配列という考え方です。配列は変数の一種ですが，インデックス番号つきであることが特徴です。1つの配列を用意すると，同じ名前の変数の後ろに（1），（2），（3）というようなインデックス番号が付加されます。同じ名前の変数なのに，（　）の中の数値によってそれぞれが異なる変数として利用できます。配列は次のように宣言して使います。

```
Dim ABA(10)As Integer
```

変数名（ここではABA）の後ろに括弧をつけ，括弧の中に必要な分の数値を指定して宣言します。こうすると，ABA（0），ABA（1），ABA（2）…ABA（10）という11個の異なる変数が使えるようになります。括弧の中の数値は0から始まることに留意してください。括弧の中の数値を100としておけば，ABA（0）からABA（100）まで101個の変数が用意されることになります。

また括弧の中の数値（添え字といいます）の部分は，変数で指定することも可能なので，柔軟に利用することができます。配列を使ったコードの例で考えていきましょう。

```
Dim ABA(10)As Integer
Dim I As Integer
For I = 1 to 10
    ABA(I)= I*3
Next
```

このコードは，3から始まる3の倍数を，ABA（　）に入れていくものです。

　　ABA（1）には　3
　　ABA（2）には　6
　　ABA（3）には　9
　　…
　　ABA（10）には　30

が入れられることになります。3行目（For I = 1 to 10）でI = 1から10まで繰り返しを指定しているので，ABA（1）から始まって，最後はABA（10）で終わります。ABA（0）は使っていません。

それではいよいよp.28のコード1（StartボタンからStopボタンまでの経過秒をLabelに表示するコード）を利用して，10回分の経過時間を保持しておくためのコードを作成していきましょう。

```
Public Class Form1
----------------------------------------------------
    Dim RT(10) As Single
    Dim Temp As Single
    Dim Trial As Integer
----------------------------------------------------
    Private Sub Button1_Click(ByVal...
        Trial = Trial + 1
        Me.Text = Trial
        Temp = Microsoft.VisualBasic.Timer
        Label1.Text = "ReactionTime"
    End Sub
----------------------------------------------------
    Private Sub Button2_Click(ByVal....
        RT(Trial) = Microsoft.VisualBasic.Timer - Temp
        Label1.Text = RT(Trial)
        If Trial = 10 Then
            Dim I As Integer
            For I = 1 To 10
                Debug.Write (RT(I))
            Next
        End If
    End Sub
End Class
```

　イミディエイトウィンドウ上の表示がわかりにくいかもしれませんが，10回分の経過時間が表示されるはずです。

　11回目をクリックしないようにしてください。配列を10までしか用意していないのに，RT（Trial）のTrialが11になると，エラーが生じて止まってしまうからです。もし11回目をクリックして止まった場合は，画面の指示に従って対処してください。

1.8　乱数の利用と Form_Load イベント

乱数の利用

　乱数の利用の仕方を覚えましょう。刺激の呈示順を決定するときにも使うものです。次の2つの関数を覚えましょう。
　　Rnd（　）：この関数は，0以上1未満の範囲の乱数を発生します。
　　Randomize（　）：乱数ジェネレーターを初期化（乱数系列を再設定）します。これを
　　　　　　　　　　行わないとRnd（　）はつねに同じ系列の乱数を発生します。
　とくに指定しないとRnd（　）は毎回，同じ乱数系列を発生します。Randomize（　）はそのジェネレーターを初期化する（乱数系列を再設定する）働きをもち，Rnd（　）の発生する乱数系列を新しいものにします。Rnd（　）を利用する際は，その前に必ずRandomize（　）を入れておきます。

では，フォーム上にボタンを一つ配置して乱数の働きについて学びましょう。配置したらダブルクリックしてコード画面に移ります。

ボタンを押すたびに乱数を発生し，イミディエイトウィンドウに表示させましょう。

コード2

```
Private Sub Button1_Click(ByVal..)
    Randomize( )
    Debug.WriteLine(Rnd( ))
End Sub
```

実行してください。Button1をクリックするたびに乱数が現れます。小数なので少し見にくいですが，そもそもRnd（　）は0以上1未満の乱数を発生するものでした。

ただ小数では使いにくいこともあります。そこで任意の範囲における整数の乱数を使いたいときには次の式を使います。

　　Int（(upperbound － lowerbound ＋ 1)＊Rnd（　）＋ lowerbound)
　　　　Intは数値を整数化する関数です。
　　　　upperboundは範囲の上限の値を，lowerboundは範囲の下限の値を指定します。

一見ややこしそうですが，そうでもありません。たとえば，サイコロを作るときのように1から6の範囲で整数の乱数を利用したかったら，upperbound（上限）は6，lowerbound（下限）は1になるので，

```
Int((6 - 1 + 1)*Rnd( ) + 1)
```

と書きます。コード2の3行目，Rnd（　）の部分を修正して次のようにします。

```
Debug.WriteLine (Int((6 - 1 + 1)*Rnd ( )+ 1)
```

修正したら試してみましょう。ボタンをクリックするたびに，1から6のどれかの数値が表示されることになるはずです。なお（6 － 1 ＋ 1）は，計算すると6ですから，次のように書いてもかまいません。

```
Debug.WriteLine (Int(6*Rnd ( )+ 1)
```

■ **Form_Load イベントの利用**

Form_Loadイベントは，プログラムを起動したときに最初に実行されるイベントで，

フォームが表示される前に実行されます。実験においては，種々の初期設定を行うのに都合がよいイベントです。たとえば，刺激の呈示順の決定，VIスケジュールの各コンポーネントにおけるIntervalの時間の設定をこのイベントを利用して行います。

では問題です。フォーム上に画像を2種類用意して，あらかじめ決めた乱数に従って2種類の画像どちらか一方が表示することを10回繰り返すことを考えましょう。

デザイン画面でフォーム上の無地の部分（何もコントロールがないところ）をダブルクリックすると，Form1_Load（ ）のコード記述場面に移行します（図1-38）。Form_Loadプロシージャ内で，Rnd（ ）を使って，乱数を10個作っておきます。そして，Button1Clickプロシージャでは，ボタンをクリックする回数を数えて，Form_Loadプロシージャで決定した乱数に応じて，1回目には画像のどちらかが表示される，2回目には画像のどちらかが表示される…というように表示されていくプログラムを考えます。

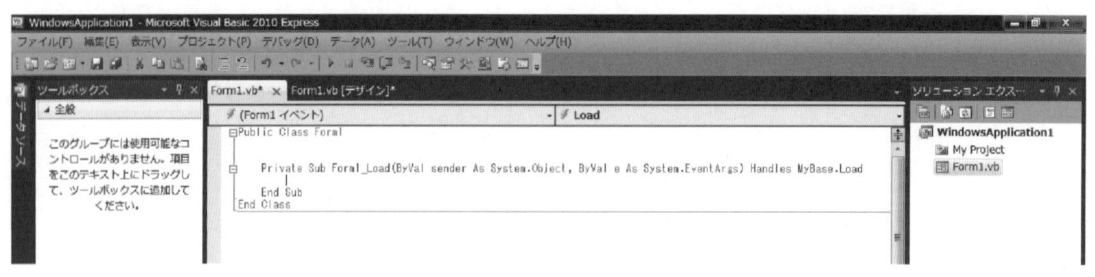

図1-38

まずはフォーム上に2つの画像を配置しましょう。ピクチャーボックスを配置して表示する画像2つを決めます。Visibleプロパティは2つともFalse（表示しない）にしておきましょう。配置したら，コードを書きます。コード3を参照してください。

コード3

```
Public Class Form1
-----------------------------------------------------------------
    Dim Trial As Integer
    Dim Stimlus(10) As Integer
-----------------------------------------------------------------
    Private Sub Form1_Load(ByVal...)
        Randomize( )
        Dim I As Integer
        For I = 1 To 10
            Stimlus(I) = Int(2*Rnd( )+ 1)
        Next
    End Sub
-----------------------------------------------------------------
    Private Sub Button1_Click(...)
        Trial = Trial + 1
        Me.Text = Trial
        If Stimlus(Trial) = 1 Then
```

```
                PictureBox1.Visible = True
                PictureBox2.Visible = False
            Else
                PictureBox1.Visible = False
                PictureBox2.Visible = True
            End If
            If Trial = 10 Then
                End
            End If
        End Sub
    End Class
```

コード3を解説します。

1，2行目（Dim で始まる文）は変数の宣言部です。一番上で宣言していますから，グローバル変数（どのプロシージャからも参照可能な変数）になります。Trial は試行数を数えるための変数です。Stimulus(10) は，乱数を格納するための配列変数です。Stimulus(10) という配列では，括弧の中の数値が 10 ですから，Stimulus（0）から Stimulus（10）までの 11 個の変数が使えるようになります（実際には Stimulus（0）は使いません）。

Form_Load プロシージャでは，乱数を発生しています。コード3では，1 あるいは 2 という 2 つの整数を使った乱数を合計 10 個用意しています。Stimulus（1），Stimulus（2），Stimulus（3），……，Stimulus（10）には，1 あるいは 2 のどちらかの値が入っています。

Button1_Click プロシージャでは，クリックするごとにどちらの画像を表示するのかを決めています。クリックした回数をカウントします（Trial = Trial + 1）。この Trial という変数と配列変数 Stimuls（ ）を組み合わせて，どちらの画像を出すのかを決定しています。Stimuls(Trial) の部分を考えましょう。Trial はボタンをクリックするたびに 1，2，3，……，10 と 1 ずつ増えていきます。Trial が 1 の時は，Stimulus（Trial）は Stimulus（1）となります。この変数に Form_Load プロシージャで発生させて，格納した乱数（1 あるいは 2）のどちらかが入っています。Stimlus（1）は 1 あるいは 2 ということになります。もし Stimlus（1）が 1 なら PictureBox1 を表示します。そうでなければ（つまり Stimlus（1）が 2 ならば）PictureBox2 を表示します。あとはこの繰り返しです。この部分については別な表現も可能です。1-4 などを参照して他の表現を考えてみてください。

Button1_Click プロシージャの最後の 3 行

```
If Trial = 10 Then
    End
End If
```

は，試行数が 10 に達したかどうかを判定し，10 になっていたらプログラムを終了させるものです。End はプログラムを終了させる命令です。Me.Close（ ）という書き方もあります。試行数が 10 でなければ何もせずに If を終わっています。

コード3と前節の経過時間の測定を組み合わせれば，試行回数，刺激の種類，刺激呈示からボタンをクリックするまでの経過時間といった情報をすべて記録することが可能となります。実験プログラムを組む時に必要な作業ですからよく理解してください。

1.9 反応の検出（Form_MouseDown と Form_KeyPress）

実験では，実験協力者（参加者）の反応を検出する必要があります。見本合わせ課題であればどの比較刺激を選択したのかが問題になりますし，スケジュールの実験であれば設置したオペランダムへの反応の検出が必要になります。実験に応じた反応の検出が必要になります。これまでは，フォーム上にボタンを配置して，そのボタンをクリックするという反応を見ていました。本節ではボタンをクリックする以外の反応の検出について考えましょう。

■ Form_MouseDown

ここではボタンを使わずにフォーム上でマウスをクリックする反応について考えます。コード画面で，（Form1 イベント），MouseClick を選択します（図 1-39）。すると下のコードの1行目と3行目が現れますから，2行目のコード Debug.Write（e.Button）を書いてください。

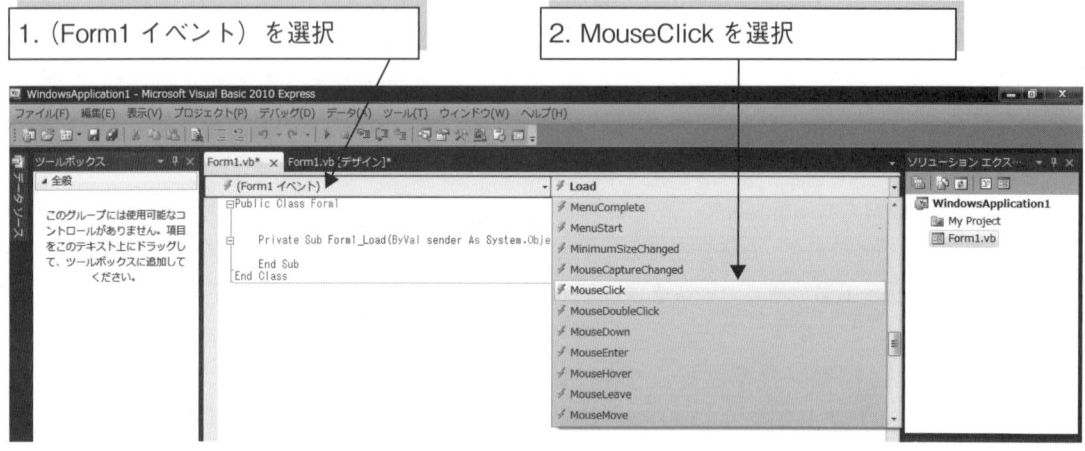

図 1-39

```
    Private Sub Form1_MouseClick (ByVal...
        Debug.Write (e.Button)
    End Sub
```

2行目の e.Button は，マウスのどのボタン（右ボタン・左ボタン）をクリックしたのかを返す値です。実行して確認してください。フォーム上で右クリックすると Right が，左クリックすると Left がイミディエイトウィンドウに表示されます。なお Debug.Write ではなく Debug.Print を使うと，Right と Left の代わりに 2097152 と 1048576 という数値が表示されます。

e.Button の他に，e.X と e.Y という値も使えます。これらの値により，フォーム上のどの位置でマウスクリックが行われたのかがわかります。フォームの左上を原点（0,0）として，e.X が水平方向の位置を e.Y が垂直方向の位置を示してくれます。上のコードの 2 行目を

```
Debug.Write (e.X & "," & e.Y)
```

と変えてください。e.X の後ろや & の前後にはスペースが入っていますので注意してください。これを実行すると，フォーム上でマウスをクリックしたときの座標がイミディエイトウィンドウに表示されます。

■ Form_KeyPress

今度は Key_Press イベントを使ってみましょう。これは，フォーム上でキーを押すと発生するイベントで，どのキーを押したのかを取得することができます。図 1-40 を参照して，プロシージャを呼び出します。e.KeyChar がどのキーを押したのかを教えてくれます。下のコードを見て Debug.Print（e.KeyChar）と入力してください（Char は Character = 文字の略です）。フォーム上で何らかのキーを押すと，そのキーが表示されます。

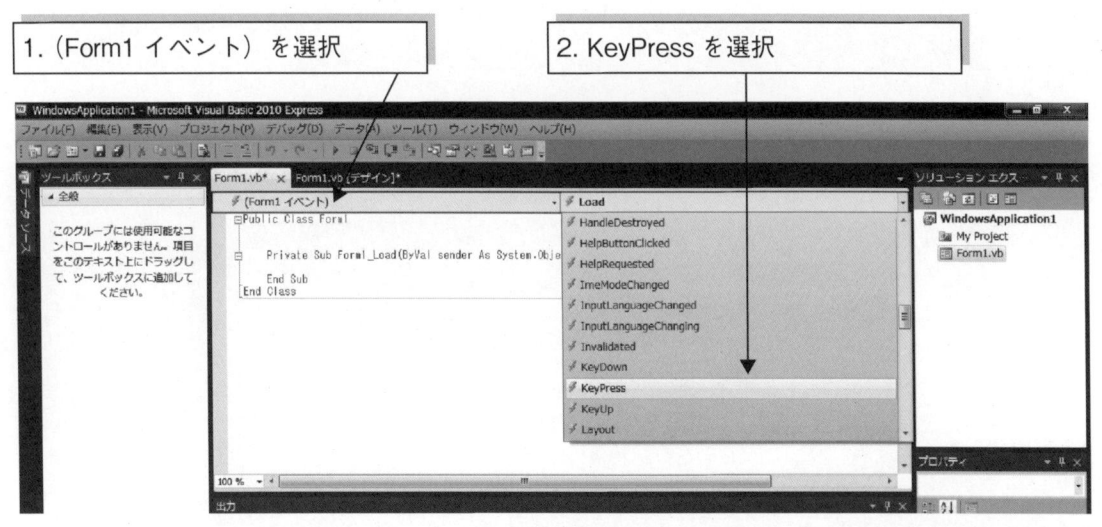

1. (Form1 イベント) を選択
2. KeyPress を選択

図 1-40

```
Private Sub Form1_KeyPress(ByVal...
    Debug.Print(e.KeyChar)
End Sub
```

なおこの KeyPress はフォーム上に 1 つもコントロールがない場合は問題なく使うことができます。しかし 1 つでもコントロールがある場合，例えばボタンがあるような場合，Form1 の KeyPreview プロパティを True にしておかないとこのイベントは発生しません。プロパティウィンドウで True にしておくか，コード上で True にすることも可能です。下の例では，Button1 をクリックすることにより，KeyPreview を True にしています。Button1 をクリックする前は，キーを押しても何も変化はありませんが，Button1 をクリッ

クするとKeyPreviewがTrueになり，キーボードで入力した文字が，イミディエイトウィンドウに表示されます。

```
    Private Sub Form1_KeyPress(ByVal...
        Debug.Print(e.KeyChar)
    End Sub
---------------------------------------------------------------
    Private Sub Button1_Click(ByVal...
        KeyPreview = True
    End Sub
```

では，フォーム上でキーを押すたびに，どのキーを押したかを保持するコードを作成してみましょう。10回分保持できるようにしてください。そして10回押したら，結果（何回目にどのキーを押したのかという情報）をイミディエイトウィンドウに表示するようにしてください。なおe.KeyCharは文字列型なので，配列変数も文字列型で宣言する必要があります。文字型変数の宣言は，

```
Dim X As String
```

という書式で行います。Xの部分は変数名です。

```
Public Class Form1
    Dim WhichKey(10) As String
    Dim Trial As Integer
---------------------------------------------------------------
    Private Sub Form1_KeyPress (ByVal ...
    Dim I As Integer

        Trial = Trial + 1
        WhichKey (Trial) =  e.KeyChar
        If Trial = 10 Then
            For I = 1 To 10
                Debug.WriteLine (I & WhichKey (I))
            Next
        End If
    End Sub
---------------------------------------------------------------
    Private Sub Button1_Click (ByVal ...
        KeyPreview = True
    End Sub
End Class
```

これでボタンのような特定のコントロールがなくとも，フォーム上でマウスをクリックした反応やキー入力の反応を検出し記録することができるようになりました。

1.10 ファイル操作（ファイルへの書き込み）

　実験を行ったら，データを残しておく必要があります。そのためにファイル操作について学びましょう。ファイル操作とは，データをファイルに書き込む操作と読み込む操作のことで，いくつかの方式があります。ここでは使いやすいシーケンシャルアクセスと呼ばれる方式を紹介します。シーケンシャルアクセスには以下の3つのモードがあります。

　　アウトプットモード：書き込み専用
　　インプットモード　：読み込み専用
　　アペンドモード　　：書き込み専用・データを追加

書き込みによって作成したファイルはテキスト形式で保存されるので，エディタやMS-Word，MS-Excelなどのソフトでも開く（読む）ことが可能です。そこで読み込みについては省略し，書き込み＝アウトプットモードの操作を理解することにします。

　アウトプットモードの書式は以下の通りです。

```
FileOpen (FileNumber, FileName, OpenMode.Output)
    書き込みの処理
FileClose(FileNumber)
```

　FileOpen(　)により，指定したファイル（FileName）を開き（なければ作成されます），データを書き込みます。最後にFileClose(　)を使ってファイルを閉じます。閉じるのを忘れないようにしてください。
　FileNumberには1を指定すればOKです。FileNameの個所は，"test.txt"，や"d:¥temp¥test.txt"のように指定します。変数を使って指定することも可能です。
　では試してみましょう。フォーム上にボタンを一つ配置し，ボタンをクリックすることをきっかけとしてファイルの書き込みを行います。下のコードを書いてください。

```
Private Sub Button1_Click(ByVal...
    FileOpen(1, "d:¥temp¥test.txt", OpenMode.Output¥)
    Print(1, "Visual Basic")
    FileClose(1)
End Sub
```

　Button1をクリックすると，Dドライブのtempフォルダ内にあるtest.txtというファイル（d:¥temp¥test.txt）を開き（FileOpenの行），Visual Basicという文字列を書き込み（Printの行），ファイルを閉じる（FileCloseの行）という流れです。使用しているPCにD

ドライブがなければ，d:¥の箇所を c:¥に変更してください。また temp というフォルダがなければ，前もって作成しておいてください。

用意ができたら実行します。Button1 をクリックしても画面上は何の変化もないので心配になりますが，いったん停止して D ドライブの temp フォルダを開いてみてください。test.txt という名前のファイルがあるはずです（図 1-41）。ファイルのアイコンは，図 1-41 と同じではないと思いますが，test.txt をダブルクリックして開いてください。使用している PC で *.txt に関連付けられたアプリケーションが起動し（メモ帳やエディタなど）Visual Basic という文字列が見えれば OK です（図 1-42）。

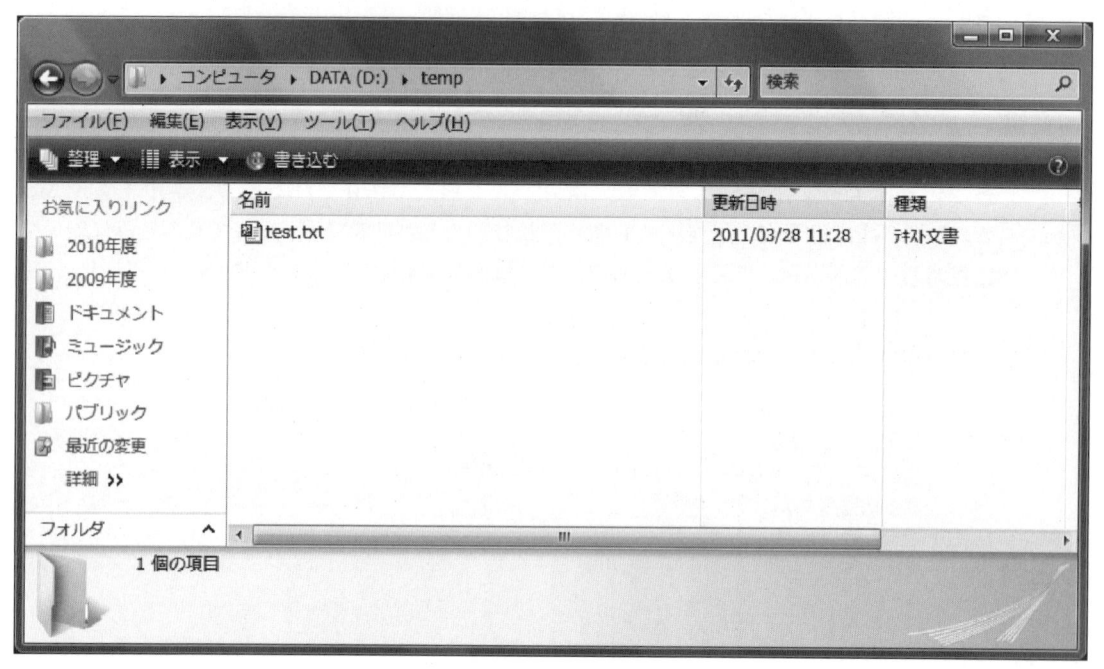

図 1-41

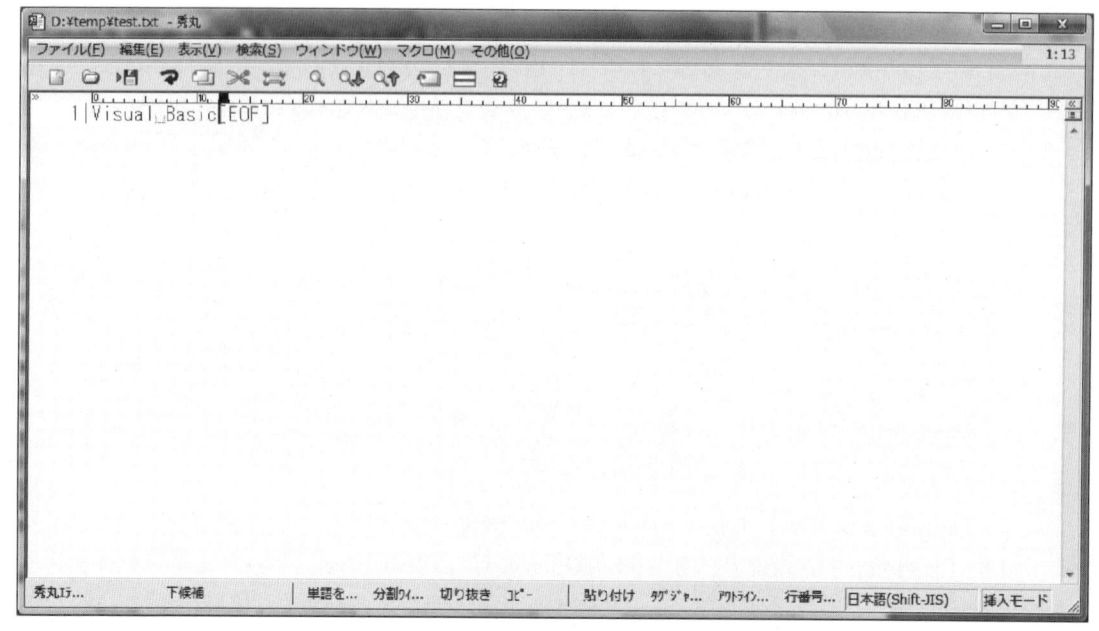

図 1-42

前述のコードを次のように変更します。

```
Private Sub Button1_Click(ByVal...
    Dim I as Integer
    FileOpen(1, "d:\temp\test.txt", OpenMode.Output)
    Print(1, "Behavior Anasysis")
        For I = 1 To 10
            Print(1, I)
        Next I
    FileClose(1)
End Sub
```

このコードは，DドライブのtempフォルダでtestxtというファイルをBehavior Analysisという文字列を書き込みます。次にFor〜Nextを使って1から10までの数値を書き込んで，ファイルを閉じるというものです。

ファイル書き込みにはいくつかの命令があります。

　Print（　）：データの書き込み。各データは空白で区切られます。
　PrintLine（　）：Print（　）の書き込みを行い，最後に改行します。
　Write（　）：データの書き込み。各データをカンマ区切りで書き込みます。文字列は""
　　　　　　　で囲まれます。
　WriteLine（　）：Write（　）の書き込みを行い，最後に改行します。

これらを使い分けることで，データを開いたときに，例えばMS-Excelですぐに開いて加工しやすいデータとすることができるようになります。

■ TextBox（テキストボックス）コントロール

ファイル名の部分で変数を使ってみましょう。そのために新しいコントロールを覚えます。フォーム上にテキストボックスコントロールを配置してください（図1-43）。テキストボックスは文字列や数値の入力に利用するコントロールです。入力した文字列はTextプロパティを参照して利用することができます。

フォーム上に2つ目のボタンを配置（Button2）し，テキストボックスに文字を入力した上で，Button2を押すと，テキストボックスの文字がイミディエイトウィンドウに表示されるコードを書きましょう（図1-44）。TextBoxの使い方を覚えてください。

```
Private Sub Button2_Click(ByVal...
    Debug.Print (TextBox1.Text)
End Sub
```

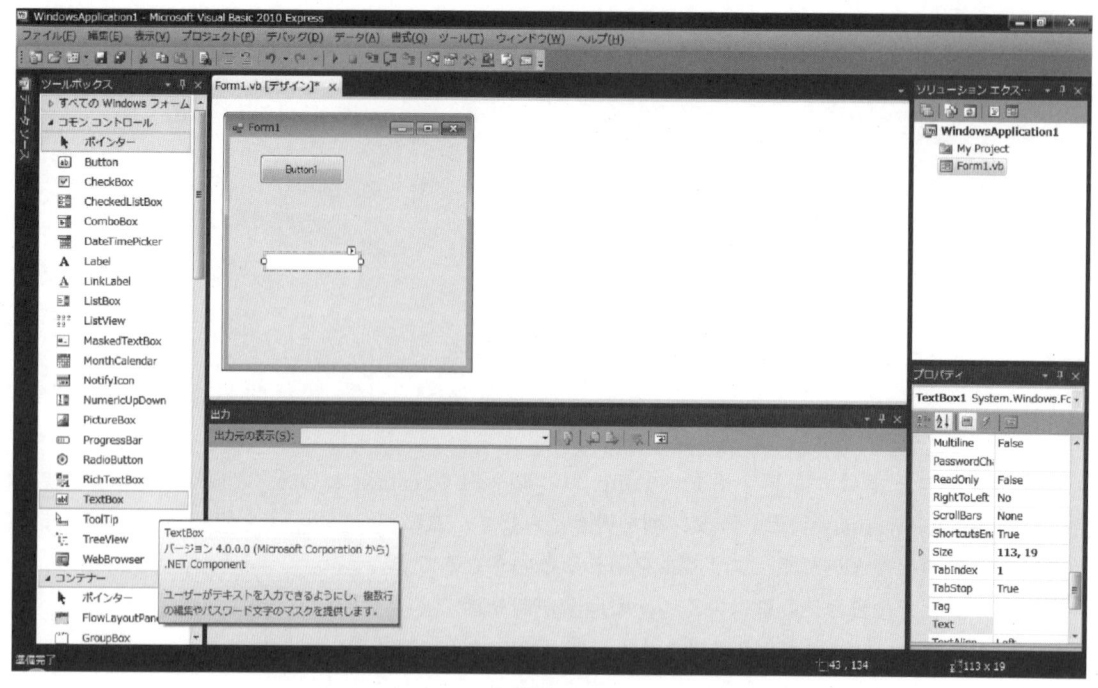

40　1章　Visual Basic の基本操作

図 1-43

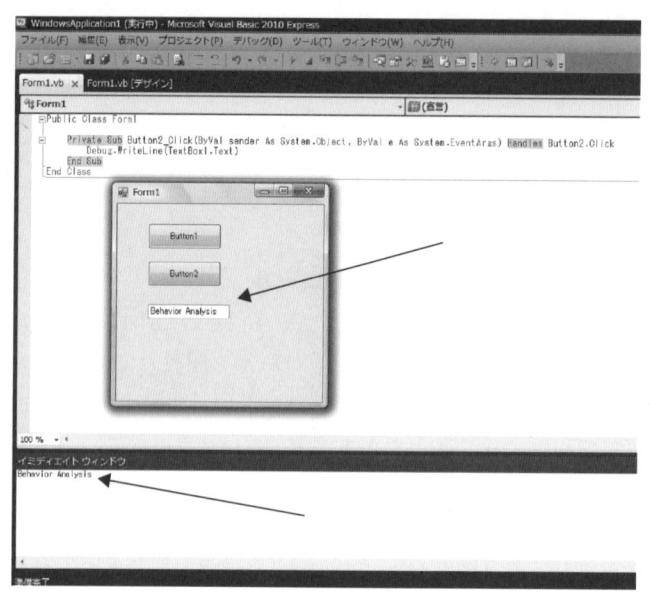

図 1-44

1.10 ファイル操作（ファイルへの書き込み）　41

さきほどのコードを使って，テキストボックスに入力した文字列のファイル名を作成し，書き込む内容にもその文字を使うようにしましょう。

```
Private Sub Button1_Click(ByVal...
    Dim I As Integer
    FileOpen(1, "d:¥temp¥"&TextBox1.Text&".txt" ,OpenMode.Output)
    Print(1, TextBox1.Text )
    For I = 1 To 10
        Print(1, I)
    Next I
    FileClose(1)
End Sub
```

四角の部分が大きな変更点です。3行目の□で囲った部分は，Dドライブのtempフォルダ内に，TextBox1に入力された文字列を使ってファイルを作成する，拡張子はtxtということです。&（アンパサンド）は文字列をつなげるための記号です。4行目の□の部分は，書き込みの内容を指示しています，つまりTextBox1に入力された文字列を書き込め，ということです。

さらにテキストボックスの内容（文字列）を変数に代入することもできます。

```
Moji = TextBox1.Text
```

これは，Mojiという変数にTextBox1の内容を代入するというものです。ただし，テキストボックスの内容は整数型ではなく，文字型という型なのであらかじめ

```
Dim Moji As String
```

と宣言しておく必要があります。Stringが文字型変数であることを示します。

これで，VBに関する基本的な事項の説明は終了です。次の章からは具体的な実験を想定したプログラミングについて考えていきましょう。

コラム 1「変数の名前の付け方」

　第 1 章でふれたように，プログラムを作るときには変数の名前と型を宣言して使用します。原則として変数の名前は自由につけてよいのですが，一部に使ってはいけない名前もあります。VB がすでに使っている単語，たとえば If や Dim，For，Next... などを変数名や関数名として使うことはできません。これらを予約語と言います。

　予約語を避けて，なるべくわかりやすい変数名を使うようにしましょう。変数を見ただけで，その役割（機能）が想像できるような名前がよいと思います。安易に x や y といった変数名を使うと，入力は楽になりますが後でコードを見直すときに何をやっているのかがわかりにくくなります。

　かといって，役割をそのまま表すような名称では入力が大変です。たとえば強化子の数をカウントするために，numberofreinforcement（number of reinforcement を続けて書いています）という変数を用意したら，入力するのが大変です。そこで単語の一部ずつをつなげて，numofrft，さらに単語の一部を大文字にして NumOfRft としてみます。そうすれば文字数はだいぶ減りますし，一見して変数の機能がわかるようになります。

　本書は，3 人の著者が分担して執筆しました。著者によって少しずつ変数名の付け方に違いがあります。編集段階で変数名の作り方を統一するという案もあったのですが，最終的には統一はしませんでした。変動性があった方が読者にとって有益であろうと判断したからです。それぞれの著者がどのように変数名を使っているかを考えてみてください。そして良いと思える付け方を真似してみてください。

（中鹿直樹）

コラム 2「乱数系列の生成」

　ランダムな数値の系列を作成する方法については，第 1 章で解説しました。つまり，Rnd（　）関数を実行すれば，0.3217584, 06847912, 0.1254171, ……といった，規則性のない数字の系列を得ることができます。ただし，このままではプログラムを実行するたびに同じ乱数系列が生成されるので，Randomize（　）をプログラムの最初に記述することで乱数系列の再設定を行えばよいというものでした。それでは，この方法を用いて乱数系列を作成し続けていった場合，同じ系列は全く出てこなくなるのでしょうか。筆者はこのことを疑問に思い，以下のようなプログラムを作って確かめてみました。

```
Dim i, j As Integer
Dim Dat(0 To 1000, 0 To 5) As Single
For i = 1 To 1000
    Randomize()
    For j = 1 To 5
        Dat(i, j) = Rnd()
    Next j
Next i
```

上記のプログラムでは，5個の数字からなる乱数系列を1000個作るということをしています。このプログラムで生成された乱数系列を，生成された順番に系列を調べていくと，1番目〜256番目の系列は，257番目〜512番目の系列や，513番目〜768番目の系列と同じ内容になっていました。すなわち，256系列ごとに同じ系列が繰り返されていました。このことは，Randomize（　）を用いて乱数系列を再設定しても，一定量の乱数系列が生成されると，それ以上生成した場合，以前に生成したものと同じ系列が返ってくることを示しています。次に同じ系列が出てくるまでに生成される乱数の数はかなり多い（上記の例では1280個）ので，実際上の問題はないかと思いますが，このような規則性があるということは知っておいた方がよいでしょう。

　なお，この問題は，Randomize（　）関数を実行する際に，（　）内に毎回異なる種（シード）を入れることで解決できます。種を変更することによって，異なる乱数系列が得られます。上記のプログラムのRandomize（　）をRandomize（i）に変えて実行すると，以前のプログラムで見られた規則性はなくなりました。For〜Nextステートメントにより，iには，1〜100の数字が順番に入り，実行されていきますので，Randomize関数を実行する度に異なる系列を指定できるのです。種として指定できる数値の型は，Double（倍精度浮動小数点数）です。

　ちなみに，筆者が実験でRandomize関数を使用するときには，参加者番号，プログラム実行時の日付，時間（分，秒）等の値を乗算して得られた値を種として用いています。これらの値は手入力ではなく，コードの記述によって得るようにしておきます。分や秒の値を種の一部として用いる際には，1を加算したものを用いるようにしています。これは，0分や0秒の場合，乗算して得られた種の値が0になるのを防ぐためです。

（佐伯大輔）

引用・参考資料

堀桂太郎　（2002）．初めて学ぶVisual Basic.NET入門早わかり　オーム社
笠原一浩　（2010）．Visual Basic 2010入門　ソフトバンククリエイティブ
Maclin, O. H., Dixon, M. R., & Jackson, J. W.　（2007）．*Visual Basic 2005 for Psychologists*. Context Press.
上出　浩　（2004）．Visual Basic.Net まなぶ・おしえるプログラミング［まなぶ編］　星雲社

　Visual Basicの解説書は多く出版されています。上にあげたのは一例です。
　堀（2002）と上出（2004）は，ともにVisual Basicを初めて使う人向けの入門書です。本章とあわせて読むと勉強しやすいかもしれません。2冊ともVisual Basic.NETという少し古いバージョンをもとに書かれていますが，本章で扱う内容に関してはバージョンの違いはほとんど気にしなくても大丈夫です。
　笠原（2010）は一般的なVisual Basicの解説書です。本書では触れていない内容も扱っています。Visual Basicのさまざまな機能を活用したい人は参考にしてください。
　Maclin, Dixon & Jackson（2007）は，Visual Basicを使って行動分析学の実験を行うために書かれた本です。本書を執筆する際にも参考にしたもので，本書では扱ってない観察やデータの記録などについても触れられています。

2章 強化スケジュール

第2章では，第1章で学んだVBの基本操作をもとに，強化スケジュールのプログラムを作っていきます。強化スケジュールとは，強化子の呈示のあり方です。強化子の呈示の仕方が変わると，反応パターンも変化します。強化スケジュールについての研究は，私たちの行動が結果事象によって強く影響されることをよく示してくれます。まさに行動分析学が目指す環境と個体の相互作用そのものと言えるでしょう（伊藤，2005）。強化スケジュールそのものが研究の目的ではない場合でも，見本合わせ課題（第3章）や選択行動（第4章）などさまざまな分野の実験で強化スケジュールを使うことは必要となります。

まず4つの基本的なスケジュールであるFR, VR, FI, VIについて考えます。実験の全てに必要なプログラムを作るのではなく，各強化スケジュールに特有な随伴性を，VBを使って実現することを目指します。一般に強化スケジュールは，強化子の呈示の基準により大きく二種類に分けることができます。1つは強化子の呈示の基準が反応数であるもの，もう1つは強化子の呈示の基準が時間間隔であるものです。さらにその基準が常に一定であるのか，毎回の強化で変動するのかということもポイントとなります。これらの内容をVBで表現することを考えましょう。さらに実験で使われることの多いDRLスケジュールについてもその随伴性をVBで表現しましょう。

第2章の最後では，実際に実験をしてデータを記録することまでを考えて，VIスケジュールを作成します。なお，他にも多くの複雑な強化スケジュールがあります（小野，2005）。その中でも実験で使われることの多い並立連鎖強化スケジュールについては，第4章「選択行動」で詳しく説明されていますので参照してください。

2.1 FRスケジュール

ではFRスケジュールのプログラムを作りましょう。FRとはFixed-Ratioの略で固定比率スケジュールと訳されます。FRスケジュールは，ある決められた数の反応が自発されると，強化子が呈示されるスケジュールです。一般にFRスケジュールのもとでの反応パターンは，一定の反応率が続くこと，強化子の呈示が終わると休止が見られること（強化後休止）が特徴です。

FRスケジュールの随伴性をVBで記述していきましょう。第1章の内容を考えれば，それほど難しいものでないことが予想されるでしょう。プログラムの作り方として，思いつい

たところから手をつけて作成する，という方法もありますが，ここはまずどのような要素（フォーム上のコントロール，コードに相当）が必要なのかを考えていきます。PCやノートに必要と思われる要素を書きだしてみるとよいでしょう。

FRスケジュールを作成するために必要となるのはどのようなものでしょうか？　順不同で書きだしてみます。

・反応をする対象（オペランダム）
・反応を何にするか？
・強化子は何にするか？
・強化子の呈示方法
・実験の長さはどのように決めるのか？　時間あるいは強化子の呈示回数？
・毎回の強化試行における反応数のカウント
・反応数が規定の数に達したかどうかの判定
・強化子の呈示回数のカウント
・強化子の呈示時間とそのカウント

といったところでしょうか。他にもまだあるかもしれません。はじめに書いたように，データの記録といったことについては今は考えずに，FRスケジュールが規定する随伴性について，VBで記述することを目指します。

VBを起動し，フォームを表示してください。必要なコントロールを配置しましょう。まず必要なのはオペランダムです。これが反応の対象であり，どんな反応を測定するのかを規定します。ここでは，ボタンを配置し，マウスのクリックを反応とすることにします。次は，強化子とその呈示方法です。動物を対象とした実験の場合はエサを強化子とするのが一般的で，エサを呈示する方法を考えなくてはなりません。今回は人が対象なので，何らかの画像＝強化子と考え（例えば，空間・佐伯・伊藤，2007 など参照），ピクチャーボックスを使って画像を表示させることとします。さらにタイマーも使います。タイマーは強化時間（強化子を呈示する時間）を測定・制御するために使います。図2-1 は，フォーム上にボタンとピクチャーボックス，タイマーを配置し，画像を表示した様子です。

次にプロパティの設定を行います。ピクチャーボックスについては，任意の画像を表示（Image プロパティ）し，ピクチャーボックスの大きさにあわせて表示できるようにしておきます（SizeMode プロパティを StrethImage にする）。Visible プロパティは False にします。ボタンとタイマーについては初期状態のままで結構です。

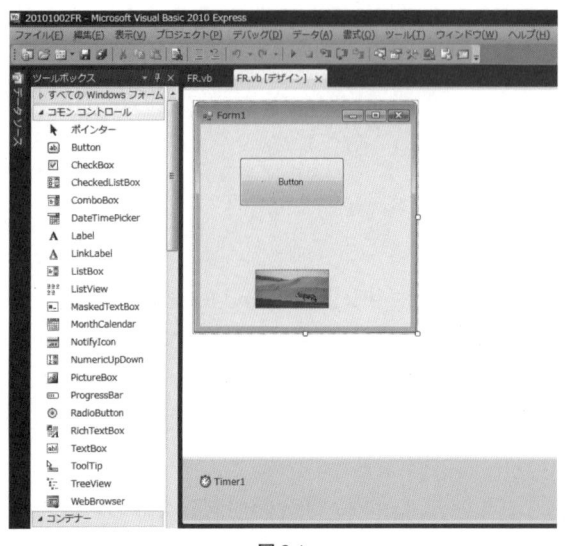

図2-1

最後にコードを書きましょう。コード 1 を参照してください。コード 1 の日本語部分は各行の大まかな説明ですので，実際に書く必要はありません。まずは変数の宣言部で変数の宣言と定数を用意しています。FR で必要となるのが各強化試行における反応数をカウントするための変数です。ここでは NumOfResp としています。Number Of Responses のつもりですが，もちろん変数名は他のものでもかまいません。RftDuration は設定された強化時間に達するかどうかを見るための変数です。今回は，タイマーの Interval を 100 ミリ秒のまま使っているので，タイマーの Tick イベントが発生するたびに，この RftDuration に 100 ずつ加えて，強化に入ってからの経過時間を見ることにします。NumOfRft は強化数のカウント用変数です。今は何回目の強化試行なのかを保持するために使います。

定数として 3 つ用意しました。定数を宣言するためには Const を使います。FR のサイズ（Raito），強化数の上限（SR），強化時間（Kyouka）です。これらを定数とすることで，コードの他の部分からこれらの値を使うときにも，Ratio や SR といった名前で参照することが可能となります。また実験の設定を変更して，たとえば強化時間を 3 秒にする場合，変数宣言部の Const Kyouka = 1 の右辺を 3 とするだけでよいので，後のメンテナンスが楽になります。

では Private Sub Form1_Load (... の部分について考えましょう。このイベントはプログラムが実行されると最初に呼び出されるイベントでした。今回はこのイベントを使って，NumOfRft を 1 にしています。実験スタート時は，第 1 強化試行であるという意味です。

次は Private Sub Button1_Click (... の部分です。この FR のプログラムは，実行するとすぐにオペランダムが呈示されて反応を受け付ける状態となります。反応受付部分がこの，Private Sub Button_Click (... です。反応がある（ボタンがクリックされる）と反応数をカウントアップします。ついでその反応数が，FR サイズに達したかどうかを If 文でチェックし，もし反応数が FR サイズに達したなら，Button1 を動作不能にし，PictureBox1 を消し，Timer1 を動かします。Button1.Enabled = False という書き方は初めて登場しますが，ボタンを動作不能とする設定です。

Timer_Tick (... の部分は，主に強化時間の測定用です。Timer1 の Interval を 100 ミリ秒にしていますので，RftDuration を 100 ずつカウントアップしていき，この値が設定された強化時間（Kyouka）に達するかどうかを調べています。Kyouka*1000 となっているのは，秒をミリ秒にするためのものです。強化時間が設定値に達したら，まず強化数（NumOfRft）と強化の上限値（SR）を比較して，上限値に達していたらすぐに終了（End）します。

上限値に達しない場合は，次の強化期のための準備をします。強化数を 1 つカウントアップします。それから反応数と強化時間の変数をリセット（初期化，つまり 0 にする）し，タイマーの動作を止め，ボタンの動作を可能にし，ピクチャーボックスを消します。

コード 1（途中の点線は，コードを見やすくするもので実際の表示とは少し違います）

```
Public Class Form1
    Dim NumOfResp As Integer        ' 各強化期における反応数のカウント用変数
    Dim RftDuration As Integer      ' 強化時間を測定・制御するための変数
    Dim NumOfRft As Integer         ' 何回目の強化期かを保持する変数
```

```
        Const Ratio = 3                  'FR サイズを 3 とする
        Const SR = 3                     '実験の強化数を 3 とする
        Const Kyouka = 1                 '強化時間は 1（秒）とする
    ------------------------------------------------------------------
        Private Sub Form1_Load(...
            NumOfRft = 1                 '開始時の強化回数（強化期）を 1 とする
        End Sub
    ------------------------------------------------------------------
    Private Sub Button1_Click(ByVal...
        NumOfResp = NumOfResp + 1        '反応数をカウントする
        If NumOfResp >= Ratio Then       '反応数が FR のサイズに達したら
            Button1.Enabled = False      'Button を動作不能にする
            PictureBox1.Visible = True   'PictureBox を表示する
            Timer1.Enabled = True        'Timer を動かす
        End If
    End Sub
    ------------------------------------------------------------------
    Private Sub Timer1_Tick(ByVal...
        RftDuration = RftDuration + 100          '強化時間を測定
        If RftDuration >= Kyouka*1000 Then'強化時間が設定値に達したら
            If NumOfRft = SR Then        '強化数が上限なら
            End                          '終了
            End If
            NumOfRft = NumOfRft + 1      '強化の回数をカウントアップ
            NumOfResp = 0                '反応数を初期化
            RftDuration = 0              '強化時間を初期化
            Timer1.Enabled = False       'Timer の動作を止める
            Button1.Enabled = True       'Button を動作可能にする
            PictureBox1.Visible = False       'PictureBox を消す
        End If
    End Sub

End Class
```

　実際に，コード 1 を完成して動かしてください。もちろん，変数の名前は自分の好きなものを使ってかまいません。ただ安易に x や y などの変数名を使うと，後でコードを見直したときに何の変数かわかりにくいので，ある程度は，変数の働きを想像できるようなものがよいでしょう。

　動作を確認したら，定数部分を変更して動かしてみましょう。コード 1 では，FR のサイズ（Ratio）は 3 になっていますので，このプログラムは FR3 スケジュールということになります。Const Ratio=3 の部分を，Const Ratio = 100 とすれば，FR100 の完成です。他にも，強化数の上限（SR），強化時間（Kyouka）も変更することができます。

　これで，FR スケジュールができました。実験の記録ができないなど問題はありますが，それは後回しにして次に進むことにしましょう。この後，VR，FI，VI，DRL までフォームの構成，プロパティの設定，コードの変数部分と強化時間の測定・制御などはほとんど共通

したものを使いますので，この FR スケジュールについて十分に理解してから次に進んでください。

2.2 VR スケジュール

本節では，VR スケジュールを作ります。VR とは Variable Ratio の略で，変動比率スケジュールと訳されます。FR では強化に必要な反応数は常に一定でしたが，VR では強化に必要な反応数が毎回（強化のたびごとに）変動するのが特徴です。このスケジュールのもとでの反応パターンは，FR のような強化後休止は見られず，一定で高率の反応率が続きます。毎回の強化に必要な反応数が変動する以外は，FR スケジュールと同じですから，FR スケジュールの一部を変更すれば VR スケジュールになることがわかると思います。コード 2 を見てみましょう。Form 上のコントロールの配置とプロパティの設定に関して変更はありません。

コード 2

```
Public Class Form1
    Dim NumOfResp As Integer
    Dim RftDuration As Integer
    Dim NumOfRft As Integer
    Dim V_Ratio As Integer           '* Ratio用の変数名
    Const SR = 3
    Const Kyouka = 1
------------------------------------------------------------------
    Private Sub Form1_Load(ByVal...
        Randomize()                  '* 乱数系列の初期化
        V_Ratio = Int(7*Rnd()) + 7 '#2
        NumOfRft = 1
    End Sub
------------------------------------------------------------------
    Private Sub Button1_Click(ByVal...
        NumOfResp = NumOfResp + 1
        If NumOfResp >= V_Ratio Then      '#1
            Button1.Enabled = False
            PictureBox1.Visible = True
            Timer1.Enabled = True
        End If
    End Sub
------------------------------------------------------------------
    Private Sub Timer1_Tick(...
        RftDuration = RftDuration + 100
        If RftDuration >= 1000*Kyouka Then
            If NumOfRft = SR Then
                End
            End If
```

```
                NumOfRft = NumOfRft + 1
                V_Ratio = Int(7*Rnd()) + 7          '#2
                NumOfResp = 0
                RftDuration = 0
                Timer1.Enabled = False
                Button1.Enabled = True
                PictureBox1.Visible = False
            End If
        End Sub
    End Class
```

FRで作成したコード1からの変更点はすぐにわかると思います。＃1，＃2の部分が大きな変更部分です。

FRでは

```
If NumOfResp >= Ratio Then
```

となっていた行が

VRでは

```
If NumOfResp >= V_Ratio Then
```

となっています。ここだけ見ると単に変数名が違うだけのようですが，V_Ratio はどのように決められているかというと，＃2の部分にあるように

```
V_Ratio = Int(7*Rnd()) + 7
```

となっています。これは第1章で学んだ乱数の利用です（注：今回作っているプログラムはやや簡略化された VR と考えてください）。実験開始時にすべての Ratio サイズを決定しておくこともできます。一般の実験では，この方法が普通でしょうが，今回は強化のたびごとに乱数を使って Ratio サイズを決めています。

Int（7＊Rnd（ ））+7は7,8,9,10,11,12,13の範囲でランダムな値を発生させます。平均すると，(7+8+9+10+11+12+13)／7=10ですから，VR10のスケジュールができます。もちろんある程度以上の回数を行った場合ですが。この方法は，作成したい VR の Ratio を中心に Ratio-x（初項）と Ratio+x（末項）を決めて等差数列を作るものです。たとえば VR15 を作る場合，初項を15－5＝10，末項を15+5＝20として，10, 11, 12, ……20を用意すれば平均15となります。これをコードで書くと

```
V_Ratio = Int(11*Rnd()) + 10
```

となります。

　#2と記した部分が2か所あるのは，実験開始時に第1強化試行のV_Ratioを用意するのと，毎回の強化が終わって次のRatioを用意するためです。さらに乱数を使うときの注意を思い出してください。特に指示をしない限り，Rnd（　）関数は毎回，同じ乱数系列を発生させました。そのために必要なのが乱数系列の初期化でRandomize（　）でした。この関数を，Form1_Load（　）イベントで記述しておきましょう。（コード2 ＊乱数系列の初期化の部分です）これで，強化ごとにRatioサイズが異なるVRスケジュールのプログラムができました。

2.3　FIスケジュール

　FIスケジュールを作ります。FIとはFixed-Intervalの略で，固定間隔スケジュールと訳されます。前回の強化から一定時間が経過した後の最初の反応に対して強化子が呈示されるスケジュールです。反応が必要な点に注意してください。一定の時間が経過すると自動的に（＝反応不要で）強化子が呈示されるFT（Fixed-Time: 固定時間）スケジュールというものがありますが，それとは異なります。

　FIスケジュールのもとでは，動物は典型的にはスキャロップ（scallop）という反応パターンを示すことが知られています。強化が終わると，しばらく反応が自発されない時期が続いた後，少しずつ反応が自発され始め，インターバルの終了近くになると加速的に反応数が増大する，というパターンです。面白いことに，ヒトを対象としたFIスケジュールの研究では，大きく3つのパターンに分かれることが知られています。1つは動物と同じようにスキャロップが見られるもの，もう1つは常に一定の反応率で反応が続くもの，3つ目はあまり反応が見られずインターバルの終了近くに2,3回の反応だけが見られるものです。ベンタルら（Bentall, Lowe & Beasty, 1985）は，乳児ではスキャロップが観察されることを示し，スキャロップの有無には言語の働きが関係していることを示唆しています。

　では，FIスケジュールを作りましょう。必要なコントロールはFR, VRと同じです。つまりオペランダムのボタン，強化子用のピクチャーボックス，強化時間測定用のタイマーの3つです。

　コードについて，FRからの変更点に注目してみましょう。FRでは，反応数をカウントして，反応数が一定の数（＝Ratio）に達したら強化子の呈示を行いました。FIでは，反応数の測定は必要なく，前回の強化子呈示からの経過時間が重要となります。時間が経過したことをどのように記述し判定するかについては，1つは常に経過時間をモニターしておいて，経過時間が設定値（＝インターバル）を超えたら強化可能期間とするという方法が考えられます。それとは別に，反応があった時点で経過時間を見て，もし経過時間がインターバルを超えていたら強化子呈示へ，超えていなかったら再び反応を待つ，という方法もあります。今回は後者の方法で作成します。

　経過時間をチェックするために必要な変数を用意します。コード3では，グローバル変

数として Temp という名前の変数を宣言しています。この変数は，強化子呈示が終わった時点（＝次の強化試行開始時点）の Timer 関数の値を保持するための変数です（実験開始時は，強化子呈示は無いので，開始時の Timer 関数の値を保持しています）。そして反応があったら（コード 3 の #3 の部分），反応時点の Timer 関数の値から Temp の値を引き，その値がインターバルより大きいかどうかをチェックしています。

FR からの変更点は，FR では反応数のチェックを行っていた個所が，FI では反応があった時点での経過時間のチェックとなっていることです。そのために，ある時点での Timer 関数の値を保持する変数を用意したわけです（1-7 配列の利用　参照）。

FI のインターバルをいくつにするか，は変数宣言部の Const Interval = 5 で決定しています。この行の右辺を変更すれば，FI5 秒や FI30 分など好きなスケジュールに変更することができます。

コード 3

```
Public Class Form1
    Dim Temp As Single
    Dim RftDuration As Integer
    Dim NumOfRft As Integer
    Const Interval = 5
    Const SR = 3
    Const Kyouka = 1
--------------------------------------------------
    Private Sub Form1_Load(ByVal...
        NumOfRft = 1
        Temp = Microsoft.VisualBasic.Timer
    End Sub
--------------------------------------------------
    Private Sub Button1_Click(ByVal...
        If Microsoft.VisualBasic.Timer - temp > Interval Then    '#3
            Button1.Enabled = False
            PictureBox1.Visible = True
            Timer1.Enabled = True
        End If
    End Sub
--------------------------------------------------
    Private Sub Timer1_Tick(ByVal...
        RftDuration = RftDuration + 100
        If RftDuration >= 1000*Kyouka Then
            If NumOfRft = SR Then
                End
            End If
            NumOfRft = NumOfRft + 1
            RftDuration = 0
            Temp = Microsoft.VisualBasic.Timer
            Timer1.Enabled = False
            Button1.Enabled = True
```

```
                PictureBox1.Visible = False
        End If
    End Sub
End Class
```

2.4 VIスケジュール

VIスケジュールを作成します。VIとは，Variable-Intervalの略で変動間隔スケジュールと訳されます。FIスケジュールとVIスケジュールの関係は，FRとVRの関係によく似ています。すなわちFIでは前回の強化子から一定時間経過後の反応に対して強化子が呈示されるものだったのに対し，VIでは，「前回の強化子呈示からある時間が経過した後の最初の反応に対して強化子が呈示される」という点はFIと同じですが，必要な経過時間は強化ごとに変動します。VIスケジュールのもとでの反応パターンは，FIのようにスキャロップは見られず一定の反応率が続くのが特徴です。

プログラムについては，FRをVRに変化させたことを思い出してください。FIでのインターバルを強化ごとに変動させてやればよいわけです。そこで，VRのときのように，乱数を使いましょう。コード4の#4の部分がFIからの変更点です。

FIでは，

```
If Microsoft.VisualBasic.Timer - Temp > Interval Then
```

となっていたところが，VIでは

```
If Microsoft.VisualBasic.Timer - Temp > V_Interval Then
```

となっています。このV_Intervalが毎回の強化ごとに変動する値です。V_Intervalの値は#5（VRの#2と同様に2か所あります）の部分で，乱数を使って発生しています。

なおVIのインターバルの系列を作成する方法についても研究がなされています。第4章の議論を参照してください。

コード4

```
Public Class Form1
    Dim Temp As Single
    Dim RftDuration As Integer
    Dim NumOfRft As Integer
    Dim V_Interval As Single              '* Interval用の変数
    Const SR = 3
    Const Kyouka = 1
```

```
    Private Sub Form1_Load(ByVal...
        Randomize()
        V_Interval = Int(Rnd()*11) + 5        '#5
        NumOfRft = 1
        Temp = Microsoft.VisualBasic.Timer
    End Sub
-------------------------------------------------------------------
    Private Sub Button1_Click(ByVal...
        If Microsoft.VisualBasic.Timer - Temp > V_Interval Then'#4
            Button1.Enabled = False
            PictureBox1.Visible = True
            Timer1.Enabled = True
        End If
    End Sub
-------------------------------------------------------------------
    Private Sub Timer1_Tick(ByVal...
        RftDuration = RftDuration + 100

        If RftDuration >= 1000*Kyouka Then
            If NumOfRft = SR Then
                End
            End If
            NumOfRft = NumOfRft + 1
            RftDuration = 0
            V_Interval = Int(11*Rnd() ) + 5         '#5
            Temp = Microsoft.VisualBasic.Timer
            Timer1.Enabled = False
            Button1.Enabled = True
            PictureBox1.Visible = False
        End If
    End Sub

End Class
```

2.5 DRL スケジュール

　前節までで基本的な4つの強化スケジュールの随伴性をプログラムで記述する方法について考えることができました。本節では，DRL スケジュール（Differential Reinforcement of Low rates: 低反応率分化強化スケジュール）を作成します。このスケジュールは，設定時間以上の反応間間隔（inter-response interval: IRT）を分化強化するスケジュールです。直前の反応あるいは強化終了から一定時間経過後の反応のみを強化するものです。もし一定時間が経過する前に反応が自発されると，今までの経過時間はリセットされて，その反応が再び経過時間開始の起点となります。個体の側から言えば，頻繁に反応しているといつまで

たっても強化されず，ある程度以上の緩やかなペース（反応率）で反応して初めて強化されるというスケジュールです。ヒトを対象とした実験でも使われることが多いスケジュールです（たとえば松本・大河内, 2001 参照）。

　DRL スケジュールを VB で記述する作業は，FI での作業に似ています。FI では，前回の強化終了から一定時間経過後の反応を強化しました。DRL でも同様のことを行うのですが，一定時間経過前に反応が自発したら，計時用の時計をリセットする必要があります。コード 5 を見てください。

```
Const DRL_Interval = 3
```

の行で，DRL のインターバルを決めています。FI, VI と同様に秒単位とします。

　#6（2 か所あります）で，実験開始時あるいは強化終了時の Timer 関数の値を Temp 変数に格納しています。この時点から一定時間経過後の反応のみを強化します（ここまでは，FI ととてもよく似ています）。FI と決定的に違うのは，#7 の部分です。前後について記すと次のようになっています。まず反応があった時点の Timer 関数の値（Microsoft.VisualBasic.Timer）から，直前の反応（あるいは強化終了）時点の Timer 関数の値（Temp）を引き，その値が設定時間（DRL_Interval）を超えたら，強化を行い，そうでなかったら（Else 以下），Temp に現時点の Timer 関数の値を格納します（つまり時計をリセットする）。

コード 5

```
Public Class Form1
    Dim Temp As Single
    Dim RftDuration As Integer
    Dim NumOfRft As Integer
    Const Kyouka = 1
    Const SR = 3
    Const DRL_Interval = 3
------------------------------------------------------------
    Private Sub Form1_Load(ByVal...
        Temp = Microsoft.VisualBasic.Timer                    '#6
        NumOfRft = 1
    End Sub
------------------------------------------------------------
    Private Sub Button1_Click(ByVal...
        If Microsoft.VisualBasic.Timer - temp > DRL_Interval Then
            Button1.Enabled = False
            PictureBox1.Visible = True
            Timer1.Enabled = True
        Else
            Temp = Microsoft.VisualBasic.Timer                '#7
        End If
```

```
        End Sub
--------------------------------------------------------------------
    Private Sub Timer1_Tick(ByVal...
        RftDuration = RftDuration + 100
        If RftDuration >= Kyouka *1000 Then
            If NumOfRft = SR Then
                End
            End If
            NumOfRft = NumOfRft + 1
            Temp = Microsoft.VisualBasic.Timer              '#6
            RftDuration = 0
            Timer1.Enabled = False
            PictureBox1.Visible = False
            Button1.Enabled = True


        End If
    End Sub
End Class
```

2.6 VIスケジュールの完成

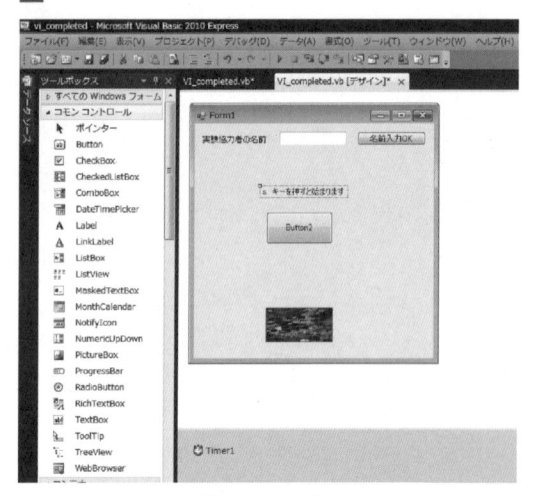

図2-2 最後のVIスケジュールの図
フォーム上に，ラベル，テキストボックス，ボタン，ボタン，ピクチャーボックスそれとタイマーを配置

これまで，FR，VR，FI，VI，DRLの各強化スケジュールの随伴性をVBで記述することに主眼を置いてプログラムを作ってきました。本節では，実験をすることを想定してVIスケジュールを完成していきます（図2-2）。その中で，第1章では触れなかった新しいポイント（2次元配列，多段階配列，Subプロシージャの作成，実行可能ファイルの作成）についても説明します。

使用するコントロールとその役割は，ラベル（実験協力者の名前入力を促すための文字を表示），テキストボックス（実験協力者の名前を入れる），ボタン（実験協力者の名前入力が完了し，次に進めるためのボタン），ボタン（オペランダム），ピクチャーボックス（強化子），タイマー（強化子呈示の時間制御）です。

まず，ここで作る実験プログラムの全体的な流れから説明しましょう。プログラムが動くと，はじめに実験協力者（実験参加者）の名前の入力が求められます（図2-3）。この名前はあとで実験のデータを記録するときのファイル名に使われます（他の協力者のデータと重複しないようにするためには，ファイル名に名前と実験の日付や時刻などを組み合わせることも可能ですが，今回は省略しています）。名前の入力後，「名前入力OK」というボタン

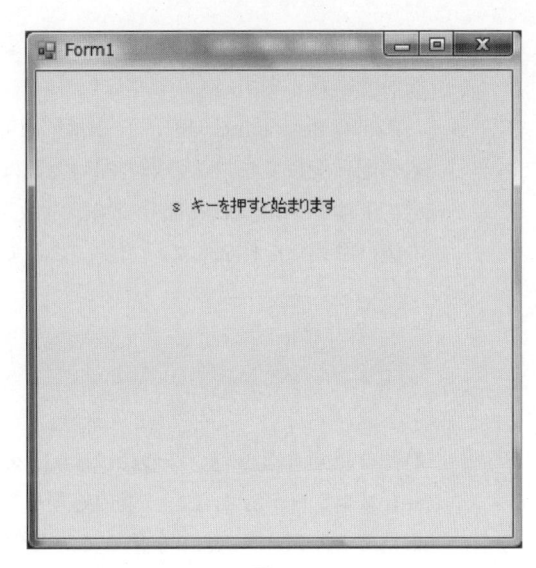

図2-3　　　　　　　　　　　　　　　　　図2-4

（Button1）を押すと，画面にキー入力を促すラベルが現れます（図2-4）ここでsキーを押すと，実際の実験がスタートします．2-1節から2-5節までで作成したプログラムでは，プログラムを動かすとすぐにボタン（＝オペランダム）が出現して，反応待ちの状態となりましたが，今回は実験のスタートをコントロールできるようにしています．

　実験開始時の画面の変化は，今説明したようなものですが，プログラム上ではそれより先に，Form1_Load イベントが発生して，実験で用いる VI の系列をすべて作成します．2-4節では，強化のたびに新しいインターバルを発生させていましたが，今回のプログラムでは，実験開始時に使用するすべてのインターバルをあらかじめ作っておきます．この方法の利点は，実験開始前にすべての系列がわかるので，前もってチェックすることが可能になることです．たとえば，極端に短いインターバルが連続して起こることを防ぐといったことが可能になります．また弁別や条件性弁別（第3章参照）の問題を扱うときに，特定の刺激が3回以上連続して呈示されないようにするといった処理も，前もって系列を作成・チェックすることで可能となります．

　実験の進行に戻ります．オペランダムが表示されて以降は，見掛け上の動きは今までのプログラムと同様です．ただし，毎回の強化試行においてすべての反応の出現タイミングを配列変数に格納しています．そして規定の回数だけ強化が行われると実験の終了です．終了時には，記録した全データ（実験協力者の名前，使用した VI の系列，各強化試行での反応数，各反応が自発した時点の Timer 関数の値など）をファイルに書き込む処理を行います．

　では，p.64のコード6を見てください．今までのものよりだいぶ長くなっています．

　#8 の NumOfResp（SR）は，各強化における反応数をカウントするための配列変数です．これを使って，第1強化試行での反応数，第2強化試行での反応数…というようにすべての強化試行の反応数を覚えていきます．

　#9 の TempTime（500）は，各強化試行において生じた全反応のタイミングを記録する配列変数です．具体的には，前回の強化終了からの経過時間を Microsoft.VisualBasic.Timer の値を利用して記録します．ただしこの配列変数は各強化試行で一時的に利用するもので，強化時に別の配列変数に値を渡して，この配列変数自身は次の強化用にクリアーしてしまい

ます。配列の添え字が 500 となっていますが，これは便宜的なものです。後の多段階配列の箇所で言及します。

　#10 の RespTime（SR）（　）が，#9 の配列変数 TempTime（　）から値を受けとるための配列変数です。この形の配列変数は多段階配列といいます。

　#11 は Form1_Load 部分です。乱数系列を初期化した後で，実験で使用するすべての VI の値（系列）を作成しています。ここで，

```
Make_VI( )
```

の行を見てください。この行は，#12 の Sub プロシージャという部分を呼び出しています。Sub プロシージャとは，一連の処理をまとめて記述したものに名前をつけたものです。#12 を見ると，For ～ Next を使って，強化の回数分の VI の値（系列）を用意していることがわかります。この処理に，Make_VI（　）という名前をつけてまとめてしまったわけです。こうした Sub プロシージャを使うと，コードが煩雑になってわかりにくくなるのを防ぐことができます。#12 で VI 系列を作るのは 4 行しかありませんが，#13 の個所を見てください。これも Sub プロシージャです。このすべての処理が，終了処理の個所（#14）にある様子を考えてみてください，とても煩雑になることがわかるでしょう。Sub プロシージャを使うと，プログラムの修正をするときや再利用する際に，全体の流れがわかりやすくなるという利点もあります。

　では Sub プロシージャの作り方を覚えましょう。コード画面を呼び出し，どこかのプロシージャの最後の行 End Sub の後ろで改行します。そこに

```
Sub Make_VI()
```

と入力して改行します。すると対応する形で，End Sub が自動的に現れ，下のような形になります。Sub と End Sub の間に必要な処理を記述します。

```
Sub Make_VI()

End Sub
```

　これまでは，ボタンをクリックしたときの処理を記述するために，ボタンをダブルクリックして，下のようなコード画面を呼び出し，Private Sub Button1_Click（ByVal... と End Sub の間に必要な処理を記述していました。それと同じことになります。

```
Private Sub Button1_Click(ByVal...

End Sub
```

作成したSubプロシージャを利用する（呼び出す）には，利用したい箇所で
Make_VI（　）
のように，自分で作った名前を記入すればよいことになります。コード6では，Subプロシージャを#12,#13,#15で利用しています。
　なお，コード6ではVI系列について，1秒からVI値の2倍の値までの間でランダムな値を発生させることで平均がVI値になるようにしています（#12）。
　次に，2次元配列と多段階配列について考えましょう。第1章で見た配列は，正確には1次元配列といいます。変数に一つのインデックス（添え字）をつけて，その値でそれぞれの変数を区別して利用できるものでした。たとえば，

```
Dim A(3) As Single
```

というような配列変数を宣言（用意）すると，
A（0），A（1），A（2），A（3）
というそれぞれが別個の4つの変数を使えるようになるというものでした。
　配列には他に，2次元配列というものがあります。たとえば，

```
Dim B(3,3) As Single
```

と宣言すると，

```
B(0,0)  B(0,1)  B(0,2)  B(0,3)
B(1,0)  B(1,1)  B(1,2)  B(1,3)
B(2,0)  B(2,2)  B(2,2)  B(2,3)
B(3,0)  B(3,1)  B(3,2)  B(3,3)
```

という，4×4＝16個の変数を用意することになります。
　この2次元配列を利用して，各強化試行におけるすべての反応のタイミングを記録することを考えましょう。1次元配列では，x強化目のy回目の反応というような指定ができません（各強化試行の反応数を覚えておけば表現できますが，後の処理がちょっと面倒です）。2次元配列を使えば，たとえばB（2,3）という変数には，第2強化試行の3回目の反応の時間を入れる，という使い方ができます。括弧の最初の数値を強化数（何回目の強化試行か），後ろの数値をその強化試行における反応数（何回目の反応か）に割り当てて使うことができます。MS-Excelを使ったことがあれば，行番号と列番号にあたる，と考えてもよいでしょう。MS-Excelでは，様々な数値や文字をセルに格納します。そのセルはC3やE5というような名前がついています。CやEが列番号，3や5が行番号です。そしてC3とはC列の3行目のセルを表し，C3という名前を使ってそのセルに入っている値を利用することが可能

です。2次元配列も MS-Excel のような表を想像するとわかりやすいでしょう。

しかしここで問題が2つあります。1つは各強化試行における反応数は，強化ごとに異なることです。つまり

```
Dim B(x, y) As Single
```

と宣言するとして，x は強化数なので実験前に決めることができますが，y の部分が一通りに決まらないことになります。各強化試行での反応数は同じになるとは限りません。これでは残念ながら2次元配列は使えません（FR スケジュールの記録であれば2次元配列で大丈夫です。各強化試行の反応数は FR のサイズに等しいので，すべて等しくなるからです）。

そこで，多段階配列（ジャグ配列）を利用することにします。これは，配列の各要素が配列を持っているともいえるもので，今回のように各強化の反応数が異なっている場合に使うことができます。多段階配列は

```
Dim T(3)() As Single
```

のように変数名の後ろに括弧を2つ並べて宣言します。前の括弧には3が入っていますので，0から3まで用意されます。後ろの括弧には何も入っていません。ここの括弧内の数値をあとで指定することで

```
T(0)(0)   T(0)(1)   T(0)(2)   T(0)(3)
T(1)(0)   T(1)(1)   T(1)(2)
T(2)(0)   T(2)(1)   T(2)(2)   T(2)(3)   T(2)(4)
T(3)(0)   T(3)(1)
```

というような，各行で要素数が異なる配列変数を作ることができます。

さきほど問題が2つあるといいましたが，残る2つ目の問題は，各強化試行での反応数は強化が行われるまでわからない，ということです。これを解決するのが配列のサイズを後から変更することのできる Redim です。強化が行われるたびにそのときの反応数を使って反応数に当たる要素数を用意すればよいことになります。例えば，第5強化における反応数が30だったとすると

```
Redim T(5)(30)
```

とすればよいのです。実際のコードでは，5，30 の部分は両方とも別の変数や配列変数を使って記述しています。

ではコード6の該当箇所を見ていきましょう。多段階配列があるのは，まず #9 で，これ

は配列の宣言部分です。実際に宣言した多段階配列を使っているのが #15 の Time_Record（　）プロシージャと #13 の Data_Save（　）プロシージャの 2 箇所です。Data_Save（　）プロシージャでは，記憶していた反応の時間をファイルに書き込む処理に利用しています。#15 の Time_Record（　）プロシージャについて考えましょう。この部分のコードを抜き出してみます。

```
Sub Time_Record()
    ReDim RespTime(NumOfRft)(NumOfResp(NumOfRft))
    Dim I As Integer
    For I = 1 To NumOfResp(NumOfRft)
        RespTime(NumOfRft)(I) = TempTime(I)
    Next
End Sub
```

各強化試行において，すべての反応が生起したタイミングは，#16 において TempTime（x）という配列変数に記憶しています（x の部分は，当該の強化試行における何回目の反応かを示す変数です）。ある強化試行における反応数は，NumOfResp（NumOfRft）という配列変数で記憶しています。

上のコードの 2 行目部分

```
ReDim RespTime(NumOfRft)(NumOfResp(NumOfRft))
```

は，ある強化試行時における多段階配列の後半の要素数を，その強化試行での反応数分用意していることになります。もし第 4 強化試行での反応数が 30 であれば，第 4 強化での反応時間を入れる配列要素を 30 個用意するということになります。

ついで，For ～ Next を使って，第 1 反応から，最終反応までの反応時間を，今用意した多段階配列の要素に代入しています。

```
RespTime(NumOfRft)(I) = TempTime(I)
```

さて前に #9 について触れました。Dim TempTime（500） As Single と配列要素を 500 として宣言しました。これはある強化試行中の全反応のタイミングを一時的に（多段階配列に渡すまで）覚えるためのものでした。強化に至って初めてその強化試行での反応数が決まるので，前もって要素数を決めることができません。そこで便宜的に 500 としました。VI のインターバルでの最大値を考え，絶対に生じえないような反応数ということで 500 を選びました。もし VI 値を変更するなら，500 ではなく適切な値を用いる必要があります（反応があるたびに配列の要素数を変更しながら進める方法も考えられますが，その場合は Redim と Preserve を用いる必要があります）。

#13 の Data_Save（　）部分は，全体のデータをファイルに書き込む処理をまとめた部

分です。ここには新しく覚えることはありませんが，記録したものをメモ帳で開いた結果（図 2-5）と MS-Excel で開いた結果（図 2-6）を図示していますので，参照してください。

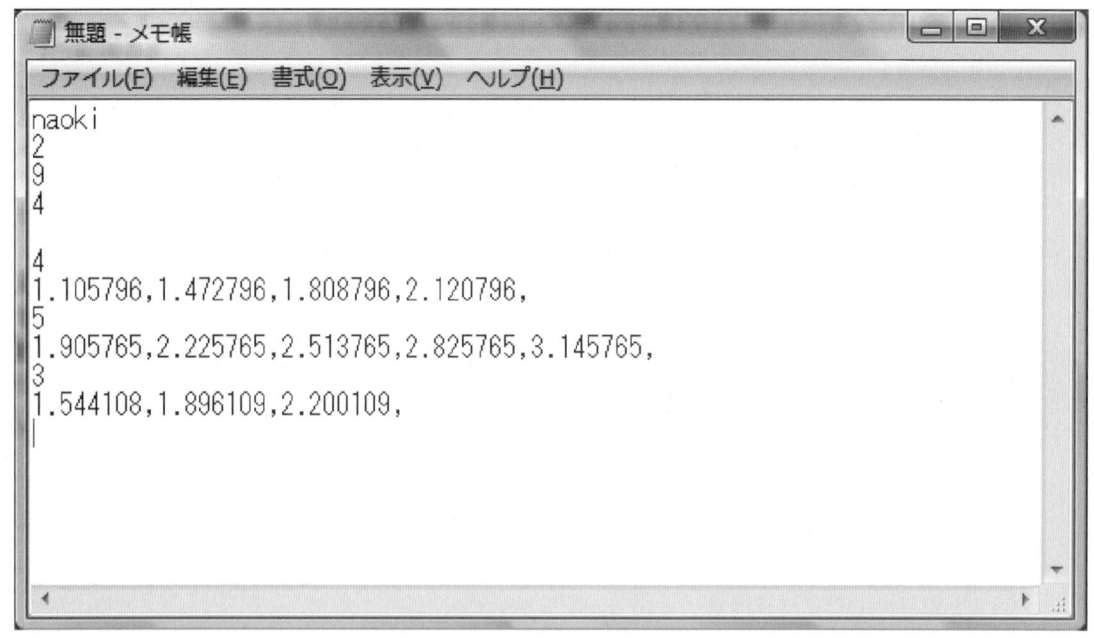

図 2-5

図 2-6

実行ファイルの作成

これで実験の記録も含めた VI スケジュールの実験プログラムが完成したことになります。本章を終える前にもうひとつだけ覚えておきましょう。それが実行可能ファイルの作成です。これまでの話では，VB を起動して，VB 環境の下でプログラムを作り，動かしてきました。実行可能ファイルとは，VB が起動していなくても，あるいは VB 自体がインストールされていない PC でも，動かすことができるものです。実験を行う前には実行可能ファイルの形にしておきましょう。

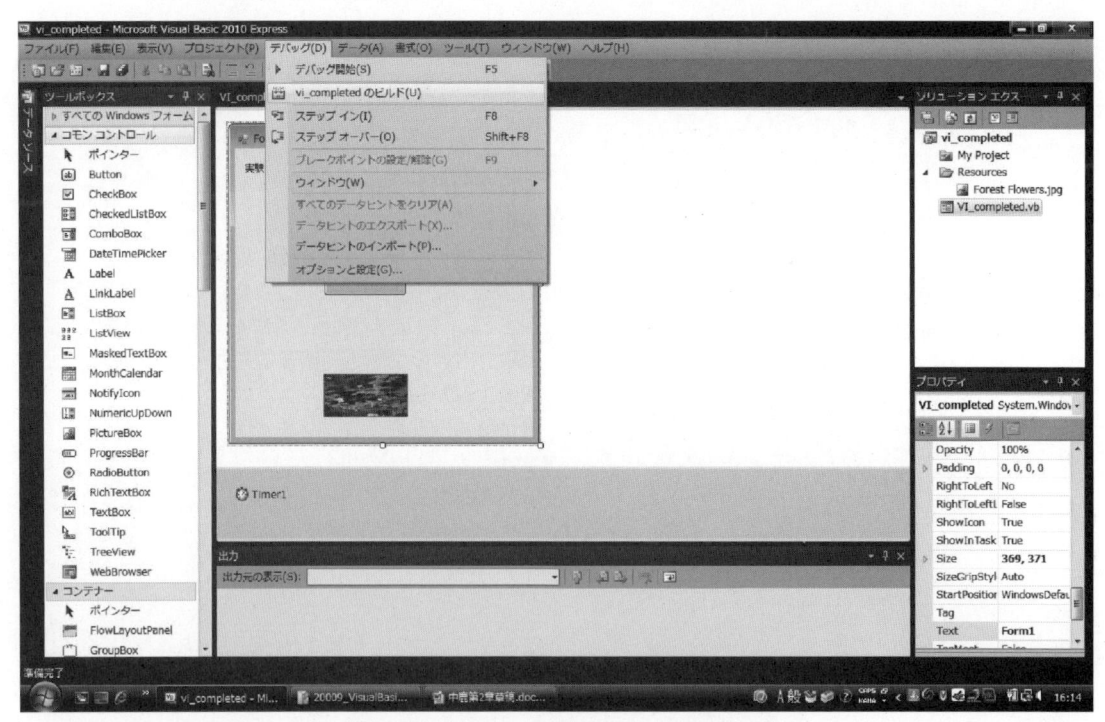

図 2-7

〈プロジェクト名 .exe〉の完成

図 2-8

図2-7を見てください。メニューの［デバッグ］-［＜プロジェクト名＞のビルド］を選択します。図2-7では，vi_completed というプロジェクト名になっています。これで，［＜プロジェクト名＞］フォルダ内にある［＜プロジェクト名＞］フォルダ→［bin］フォルダ→［Release］フォルダに＜プロジェクト名.exe＞というファイルができあがります（図2-8）。"exe" とは execute あるいは execution の略で実行可能ファイルであることを示す拡張子です。このファイルは単独で動かすことができます。VBを終了してから動かしてみてください。

コード6

```
Public Class Form1
    Dim VI_Interval(SR) As Integer
    Dim NumOfRft As Integer         '今は何回目の強化試行か
    Dim RftDuration As Integer      '強化時間を測定
    Dim NumOfResp(SR) As Integer    '特定の強化試行における反応数のカウント    #8
    Dim TempTime(500) As Single     '反応が自発されたタイミングを保持　一時的に使用 #9
    Dim RespTime(SR)() As Single    '各強化試行のすべての反応のタイミングを保持 #10
    Dim Participant As String       '実験協力者の名前　開始後に入力
    Dim Start As Single             '各強化の開始のタイミング
    Const Kyouka = 1                '強化時間の設定
    Const VI_Value = 5              'VI インターバルの値
    Const SR = 3                    '強化の回数
-------------------------------------------------------------------------
    Private Sub From1_Load(ByVal...                                      '#11
        Randomize()
        Make_VI()
    End Sub
-------------------------------------------------------------------------
    Private Sub Form1_KeyPress(ByVal...
        If e.KeyChar = "s" Then
            KeyPreview = False
            Label3.Visible = False
            Start = Microsoft.VisualBasic.Timer
            Button2.Visible = True
            NumOfRft = 1
        End If
    End Sub
-------------------------------------------------------------------------
    Private Sub Button1_Click(ByVal...
        Label1.Visible = False
        TextBox1.Visible = False
        Button1.Visible = False
        KeyPreview = True
        Label3.Visible = True
    End Sub
-------------------------------------------------------------------------
    Private Sub TextBox1_TextChanged(ByVal...
```

```
        Participant = TextBox1.Text
    End Sub

    Private Sub Button2_Click(ByVal...
        NumOfResp(NumOfRft) = NumOfResp(NumOfRft) + 1
        TempTime(NumOfResp(NumOfRft))=Microsoft.VisualBasic.Timer-Start '#16

        If TempTime(NumOfResp(NumOfRft)) > VI_Interval(NumOfRft) Then
            Timer1.Enabled = True
            Button2.Enabled = False
            PictureBox1.Visible = True
            Time_Record()
        End If
    End Sub

    Private Sub Timer1_Tick(ByVal...
        RftDuration = RftDuration + 100

        If RftDuration >= Kyouka * 1000 Then
            If NumOfRft = SR Then
                Data_Save()                                              '#14
                End
            End If

            Dim I As Integer
            For I = 1 To NumOfResp(NumOfRft)
                TempTime(I) = 0
            Next

            RftDuration = 0
            NumOfRft = NumOfRft + 1
            PictureBox1.Visible = False
            Timer1.Enabled = False
            Button2.Enabled = True
            Start = Microsoft.VisualBasic.Timer

        End If
    End Sub

    Sub Make_VI()                                                        '#12
        Dim I As Integer
        For I = 1 To SR
            VI_Interval(I) = Int(Rnd()*((VI_Value - 1) + VI_Value) + 1)
        Next
    End Sub

    Sub Time_Record()                                                    '#15
        ReDim RespTime(NumOfRft)(NumOfResp(NumOfRft))
```

```
            Dim I As Integer
            For I = 1 To NumOfResp(NumOfRft)
                RespTime(NumOfRft)(I) = TempTime(I)
            Next
        End Sub
------------------------------------------------------------------------
        Sub Data_Save()                                                  '#13
            Dim I, J As Integer
            FileOpen(1, "d:¥temp¥" & Participant & ".dat", OpenMode.Output)
            PrintLine(1, Participant)
            For J = 1 To SR
                WriteLine(1, VI_Interval(I))
            Next
            PrintLine(1, "")
            For I = 1 To SR
                WriteLine(1, NumOfResp(I))
                For J = 1 To NumOfResp(I)
                    Write(1, RespTime(I)(J))
                Next
                PrintLine(1, "")
            Next
            FileClose(1)
        End Sub
End Class
```

引用文献

Bentall, R. P., Lowe, C. F., & Beasty, A. (1985). The role of verbal behavior in human learning: II. Developmetnal differences. *Journal of the Experimental Analysis of Behavior*, **43**, 165-181.

伊藤正人 (2005). 行動と学習の心理学―日常生活を理解する 昭和堂

松本明生・大河内浩人 (2001). 言語-非言語行動の連鎖への分化強化による自己教示性制御の成立 行動分析学研究, **16**, 22-35.

小野浩一 (2005). 行動の基礎―豊かな人間理解のために 培風館

空間美智子・伊藤正人・佐伯大輔 (2007). 遅延による価値割引の枠組みを用いた就学前児の自己制御に関する実験的検討 行動分析学研究, **20**, 101-108.

3章　見本合わせ

はじめに

　オペラント条件づけの基本的な枠組みに，刺激－反応－結果からなる三項随伴性（three term contingency）があります．本章では，この中でも特に反応に先行する刺激に焦点を当てた実験を行うためのプログラムを紹介します．複数の刺激のうち特定の刺激への反応を強化する（3.1 単純弁別），「A ならば B」のように特定の刺激間の関係にもとづく反応を強化する（3.2 以降，条件性弁別）といった実験的操作を VB によって実現します．

　はじめに，刺激に用いる画像ファイルをプログラムに組み込む方法，本章で使用する基本的なコントロールについて説明します．また，刺激の呈示から反応に対する結果を呈示するまでの 1 試行の流れについて，それらを構成する基本的なコードを解説します．

　それぞれの節では，各テーマの簡単な説明を行うとともにプログラムの紹介をしていきますが，3.1 の単純弁別で，ランダマイズ（刺激の呈示順序等），データの記録，実験条件の設定など本章で紹介するプログラムの基本的な要素について解説します．この単純弁別に関するプログラムの一部を変更することで，2 選択の条件性弁別（3.2），排他律（3.3），3 選択の条件性弁別（3.4），刺激等価性（3.5）に関するプログラムを作成します．また，排他律（3.3）では無強化でテストを実施する方法について，呈示する刺激の組合せが多い刺激等価性（3.5）ではコードを簡略化する方法について紹介します．

刺激（画像ファイル）を組み込む

　単純弁別や条件性弁別に関する多くの研究では，視覚刺激や聴覚刺激が実験で用いられますが，本プログラムでは，画像ファイルを用いて画面上に刺激を呈示します．視覚刺激には，記号や幾何学図形，あるいは写真などいろいろな種類のものが使われるかもしれません．それらを画像ファイルとして用意し，プログラムに組み込む方法を紹介します．

　本章では，最多で 9 つの刺激（3.5 刺激等価性）を使用しますが，まずは，必要な刺激の数だけ画像ファイル（BMP, GIF, JPEG など）を用意します．用意した画像ファイルには，"S1"，"S2" ……"S9" のようにそれぞれファイル名をつけます（他の名前でも構いませんが，本章では上記のファイル名で統一します）．画像ファイルの準備ができたら，Visual Basic を起動してください．［プロジェクト］→［WindowsApplication1 のプロパ

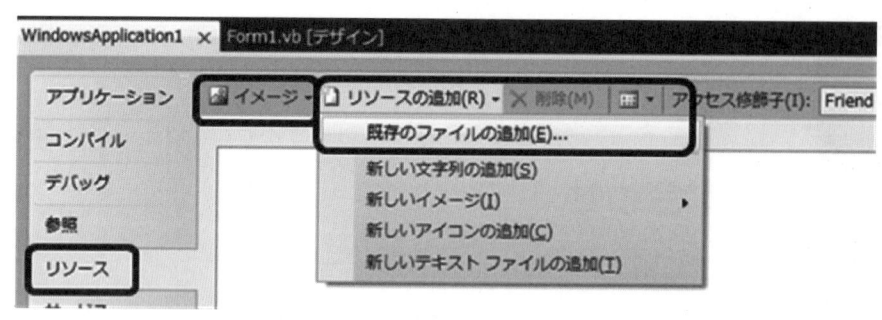

図 3-1

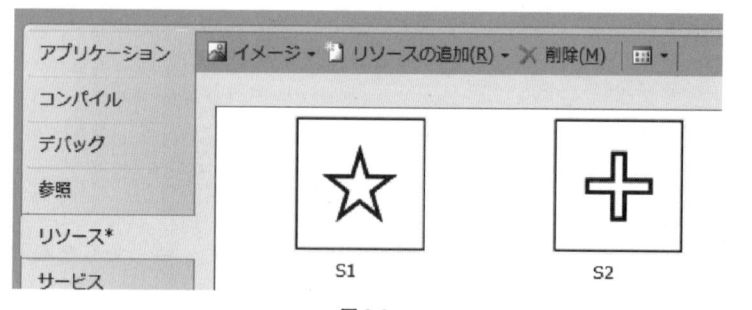

図 3-2

ティ］をクリックし，［リソース］タブを選択します。図 3-1 のような画面が表示されるので，プルダウンメニューから［イメージ］，［リソースの追加］→［既存のファイルの追加］を選択してください。表示される［既存のファイルをリソースに追加］というウィンドウで画像ファイルを選んで［開く］をクリックすれば，リソースに画像ファイルが追加されます（図 3-2）。

リソースに追加した画像ファイルは，たとえば PictureBox1 にそれを表示する場合には，次のようにコードを記述することで呼び出すことができます。

```
PictureBox1. Image = My. Resource. ファイル名
```

コントロールを配置する

本プログラムでは，刺激を表示するためにピクチャーボックスを使用します。3 選択の条件性弁別では，4 つの刺激（見本刺激と 3 つの比較刺激）を呈示しますので，必要なピクチャーボックスは 4 つになります（図 3-3）。各ピクチャーボックスの SizeMode プロパティは，StretchImage に設定します。これによって表示する画像がピクチャーボックスのサイズに収まるよう調整されます。他に，フィードバック表示用（Label1）と得点表示用（Label2）のラベルを 2 つ，試行間間隔（inter-trial interval，ITI）を計測するための Timer1 を配置してください。Timer1 の Interval プロパティは 100（ミリ秒）に設定し，各ピクチャーボックス，各ラベルの Visible プロパティは False にしておきます。また，プログラム実行時の各コントロールの位置については，後述するコードの中で調整します。

図 3-3

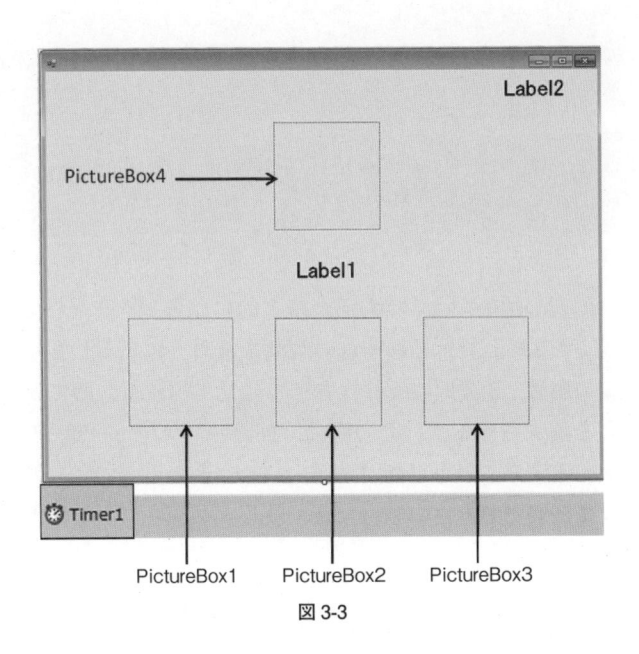

1 試行の流れをたどる

　それでは，コードを記述することで1試行の基本的な流れを作成します。ここでは単に，1) 刺激を2つ呈示し，2) 刺激への反応に続いて，3) フィードバックを呈示（文字，音，得点），刺激を消失させ，4) ITI に移行するという一連の動きについて説明します（図3-4）。

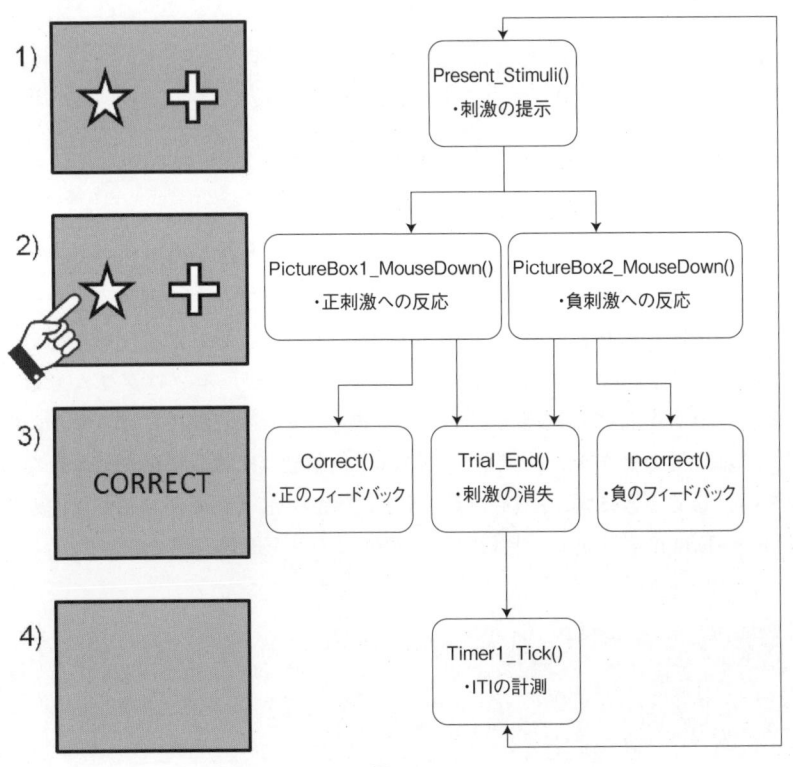

図 3-4

下の2つの変数を使用しますので，これらをグローバル変数として宣言します。

```
Dim PointCount As Integer
Dim ITItime As Integer
```

まず，1) 刺激の呈示についてですが，基本的には各ピクチャーボックスの Visible プロパティを True にすることで，それぞれの刺激を画面上に表示します。各試行において，同時弁別では2つの刺激，3選択の条件性弁別では見本刺激も含めて4つの刺激を呈示し，反応の後にそれらを消失させます。その際に，毎回各ピクチャーボックスの Visible を変更するようコードを記述することも可能ですが，いくつかの場所で同一の処理を行う場合や，似たような処理をまとめておきたい場合には，Sub プロシージャを作成すると便利です。

```
Private Sub 〔プロシージャ名〕
    プロシージャ内で行う処理
End Sub
```

刺激を呈示するための Sub プロシージャ Present_Stimuli( ) は，下記のように作成します（プロシージャの名前は他のものでも構いません）。これにより，Present_Stimuli( ) が呼び出されたときに，PictureBox1 と PictureBox2 が表示される（Visible = True）ようになります。

```
Private Sub Present_Stimuli()
    PictureBox1.Visible = True
    PictureBox2.Visible = True
End Sub
```

次は，2) 呈示された刺激に対して選択反応が生じたときの処理です。ここでは，各ピクチャーボックスに対するマウスクリックを反応とします。どの刺激（ピクチャーボックスに表示された画像）に対して反応が生じたのかによって，それが正反応であるのか，または誤反応であるのかについてフィードバックを行いますが，本プログラムでは PictureBox1 に対するクリックを常に正反応とします。つまり，PictureBox1 には正刺激（S＋）しか表示せず，それ以外のピクチャーボックスには，負刺激（S－）しか表示されないようにプログラムを構築していきます。それでは，各ピクチャーボックスに対して反応が生じたときの処理（MouseDown イベント）として，下記のコードを記述してください。

```
Private Sub PictureBox1_MouseDown(ByVal...
    Correct()
    Trial_End()
End Sub
```

```
Private Sub PictureBox2_MouseDown (ByVal...
    Incorrect()
    Trial_End()
End Sub
```

それぞれのMouseDownイベントに書かれているCorrect（ ），Incorrect（ ），Trial_End（ ）は，いずれも先ほど説明したSubプロシージャの名前です。PictureBox1がクリックされたときにはCorrect（ ）とTrial_End（ ）の処理を，PictureBox2の時にはIncorrect（ ）とTrial_End（ ）の処理をしなさいというコードになります。Correct（ ）とIncorrect（ ）という2つのSubプロシージャによって正誤それぞれのフィードバックを行い，共通のTrial_End（ ）で刺激の消失，ITIへの移行処理を行います。

3）反応に対する正誤のフィードバックは，文字刺激と音刺激の呈示，そして正反応の場合には得点カウンタに100点を加算します。フィードバックの処理を行うSubプロシージャCorrect（ ），Incorrect（ ）を下記のように作成します。

```
Private Sub Correct()
    Label1.Text = "CORRECT"
    Label1.Visible = True
    Console.Beep(523, 100)
    PointCount = PointCount + 100
    Label2.Text = PointCount
End Sub
------------------------------------------------------------
Private Sub Incorrect()
    Label1.Text = "WRONG"
    Label1.Visible = True
    Console.Beep(262, 100)
End Sub
------------------------------------------------------------
Private Sub Trial_End()
    PictureBox1.Visible = False
    PictureBox2.Visible = False
    Timer1.Enabled = True
End Sub
```

Correct（ ）では，フィードバック表示用のLabel1に"CORRECT"の文字を代入して（Text = "CORRECT"）表示しています（Visible = True）。また，Console.Beepメソッドにより523Hzのビープ音を100ミリ秒鳴らします。

Console. Beep（周波数，音の長さ［ミリ秒］）

得点は，変数PointCountに100を加算したうえで（PointCount + 100），得点カウンタ用

の Label2 の Text にその値を代入します（Text = PointCount）。

　誤反応時のフィードバック Incorrect（）については，Label1 の Text が "WRONG"，ビープ音が低音（262Hz）になっている点，得点に関するコードがないことを除いて Correct（）と同じです。

　また，上記の Sub プロシージャ Trial_End（）で，反応が生じた後の共通した処理を行います。呈示されている刺激（PictureBox1，PictureBox2）をそれぞれ画面上から消失させ（Visible = False），ITI を計測するための Timer1 を作動させます（Enabled = True）。

　4）ITI の計測は，Timer1_Tick イベントで行います。Timer1 の Interval は，100（ミリ秒）に設定しましたので，Enabled が True になることにより，100 ミリ秒ごとに Tick イベントが発生します。下記の Timer1_Tick イベントで，時間の計測を行うとともに，呈示されているフィードバックの消失，ITI 終了後の次試行への移行処理を行います。

```
Private Sub Timer1_Tick(ByVal...
    ITItime = ITItime + 100
    If ITItime >= 2000 Then
        Label1.Visible = False
    End If
    If ITItime >= 3000 Then
        Timer1.Enabled = False
        ITItime = 0
        Present_Stimuli()
    End If
End Sub
```

　上記のコードでは，イベントが発生する 100 ミリ秒ごとに変数 ITItime に 100 を加算していくことで時間を計測し（ITItime + 100），2 秒経過したならば（If ITItime >= 2000 Then），フィードバック用の Label1 を消失させています（Visible = False）。そして，3 秒経過したならば（If ITItime >= 3000 Then），Timer1 を停止させ（Enabled = False），ITItime を 0 に戻し，最後に再び刺激を呈示するために Present_Stimuli（）を呼び出しています。

　ここまでのコードによって，
　1）刺激の呈示（Present_Stimuli（））
　2）刺激に対する反応（各 PictureBox の MouseDown イベント）
　3）フィードバックの呈示（Correct（），Incorrect（））と刺激の消失（Trial_End（））
　4）ITI（Timer1_Tick イベント）
　続いて，再度 1）刺激の呈示へといった基本的な流れができました。では，ここで一度プログラムを動かしてみますが，その前にプログラムが実行された際に最初に処理される Form_Load イベントを下記のように作成します。

```
Private Sub Form1_Load(ByVal ...
    PictureBox1.Location = New Point((Me.Width - PictureBox1.Width) /
2 - 200,
    (Me.Height - PictureBox1.Height) / 2 + 100)
    PictureBox2.Location = New Point((Me.Width - PictureBox2.Width) /
2 + 200,
    (Me.Height - PictureBox2.Height) / 2 + 100)
    Label1.Location = New Point((Me.Width - Label1.Width) / 2, (Me.
Height -   Label1.Height) / 2 )
    Label2.Location = New Point((Me.Width - Label2.Width - 100, 0)
    Label2.Text = "0"
    Label2.Visible = True
    PictureBox1.Image = My.Resources.S1
    PictureBox2.Image = My.Resources.S2
    PesentStimuli()
End Sub
```

上記のコードでは，まず各コントロール（ピクチャーボックス，ラベル）のLocation プロパティを変更することで，それぞれの位置を調整しています．

[コントロール名]．Location = New Point（X, Y）

各コントロールの位置（X, Y）は，フォームと各コントロールの幅（Width），高さ（Height）を基準に調整しています．たとえば，フィードバック用のLabel1は，フォーム中央に表示されるように設定していますが，Xを（フォームの幅－Label1の幅）／2，Yを（フォームの高さ－Label1の高さ）／2 とすることで，その位置を取得しています．上記のコードでは，2つのピクチャーボックスはフォーム中央やや下方に，それぞれ左（PictureBox1），右（PictureBox2）に並べて表示されるように調整されています．得点表示用のLabel2は，フォーム右上の位置になります．このLabel2については，Textに0（点）を代入して（Text = " 0"）表示しています（Visible = True）．また，呈示する刺激については，PictureBox1のImageプロパティにリソース内の画像ファイルS1を（Image = My.Resources.S1），同様にPictureBox2にはS2を指定し，最後にPresentStimuli（ ）を呼び出すことで2つの刺激を呈示します．

それでは，プログラムを実行してみましょう．最初に，2つの刺激（PictureBox1にS1，PictureBox2にS2）が呈示され，どちらかの刺激に対するクリックによって刺激の消失，フィードバックの2秒間の呈示，1秒間のITIに続いて，再び刺激が呈示されるといった流れが繰り返されると思います．これから紹介するプログラムも，1試行の流れについては基本的に同様の形式で行います．

3.1 単純弁別

オペラント条件づけによって，異なる刺激のもとで異なる反応が示されるとき，弁別（discrimination）が生じていると言われます（小野，2005）。たとえば，青の色刺激のもとで反応が生じたときに強化子が呈示され，赤の刺激のもとでの反応は強化されないといった経験により，青刺激のもとでのみ反応が生じるようになる場合です。

弁別を形成する手続きには大きく2つの方法，継時弁別手続きと同時弁別手続きがあります。両者とも2つ以上の刺激のうち特定の刺激のもとでの反応が強化されるという点は同じですが，継時弁別手続きでは，一定時間または各試行で刺激が1つだけ呈示され，同時弁別手続きの場合には，2つ以上の刺激が同時に呈示された状態で反応が求められます。本節では，同時弁別手続きを行うためのプログラムを紹介します。上述した「試行の流れ」のように，2つの刺激を呈示し，どちらかの刺激に対する1回の反応に続いて正誤のフィードバックを呈示します。

それでは，仮に先ほどの「試行の流れ」で作成したプログラムで実験を行い，刺激S1に対する反応の生起頻度が増加したならば，S1をS＋，S2をS－とした弁別が生じていると言えるでしょうか。上記のプログラムでは，S1は左側のPictureBox1に，S2は右側のPictureBox2に呈示されていました。もしS1をクリックする反応が生じていたとしても，それは左側の刺激に対して反応するといったように，呈示位置を弁別刺激として反応が生じているかもしれません。位置弁別が目的でない場合には，それぞれの刺激の呈示位置を試行間でランダムに変化させる必要があります（Saunder & William, 1998）。また，S1とS2のように2種類の刺激だけでなく，より多くの刺激を用いて実験が行われることがあります。その際には，呈示位置に加えて，呈示する刺激の順序もランダムに決定する必要が生じてきます。はじめに，これらランダマイズを行う方法を紹介します。

ランダマイズ

刺激の呈示順序やその呈示位置をランダムにするといった操作は多くの実験で用いられますが，いくつかの方法があります。まずは，4種類の刺激（たとえば，○，△，□，◇）のうち1つをランダムに呈示し，これを4回繰り返す場合について考えてみます。ここでは，呈示する刺激をランダムに決定するためにRnd（）関数を用います。4つの刺激に1から4までの値を割り振り（○－1，△－2，□－3，◇－4），割り振った値（1，2，3，4）のうち1つをRnd（）関数を用いて抽出します。これを4回繰り返し，抽出された値をその都度変数に格納しておけば，刺激の呈示順序が系列として構成されます。たとえば，この一連の処理は下記のコードで行うことができます。

```
Do Until BlockCount = 4
    Randomize()
    Type = Int(4*Rnd()+1)            '#1
    BlockCount = BlockCount + 1      '#2
    SeqTypes(BlockCount) = Type      '#3
Loop
```

Do Until ～ Loop は繰り返し処理の一種で，ある条件を満たすまで同じ処理を行います。上記のコードでは，変数 BlockCount の値が 4 になるまで（BlockCount = 4），#1，#2，#3 の処理を繰り返します。

#1 1，2，3，4 の範囲でランダムな値を抽出し，その値を変数 Type に格納する。
#2 変数 BlockCount に 1 を加算することで，処理回数をカウントする。
#3 Type の値を，変数 SeqTypes（BlockCount）に格納する。

ここで，Type は刺激の種類，BlockCount は処理回数，SeqTypes（BlockCount）は刺激の系列に対応します。最後の 3）SeqTypes（BlockCount）= Type で，n 番目に呈示する刺激が指定されます。たとえば，1 回目の処理において，ランダマイズにより Type には 2 の値（△）が格納されたとします。BlockCount には，1 回目なので 1 の値（＝初期値 0 + 1）が入り，変数の状態は SeqTypes（1）= 2 となります（つまり，第 1 試行目 [SeqTypes（1）] は，△ [2]）。続いて，2 回目の処理で，Type に 1（○）が格納されたならば SeqTypes（2）= 1 といったように，4 回処理が繰り返されることで，SeqTypes（1），SeqTypes（2），SeqTypes（3），SeqTypes（4）にそれぞれランダムに抽出された値（Type）が格納されます。この場合，同じ値が続けて抽出されたり，値によって抽出される回数が異なったりします。

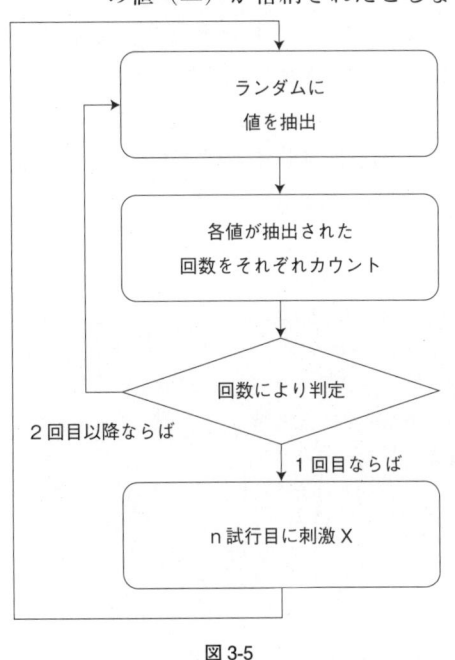

それでは，各試行で 4 つの刺激のうち 1 つを呈示するという点は同じですが，それぞれの刺激が 1 度ずつランダムに呈示されるような系列を作るにはどうすればよいでしょうか。1 つの方法は，ある値が抽出されたときに，その回数をカウントすることで重複を避ける方法です（図 3-5）。具体的に，下記のコードで見てみましょう。

図 3-5

```
Do Until BlockCount = 4
    Randomize()
    Type = Int(4*Rnd() + 1)
    TypeCount(Type) = TypeCount(Type) + 1        '#1
    If TypeCount(Type) = 1 Then                  '#2
        BlockCount = BlockCount + 1
        SeqTypes(BlockCount) = Type
    End If
Loop
```

さきほどのコードと異なる点は，#1 と #2 の部分です。

TypeCount（Type）が，各値が抽出された回数を格納しておくための変数です。Type にはランダムに抽出された 1 から 4 までのいずれかの値が入りますので，それぞれの値をインデックスとした 4 つの TypeCount（Type）が作られることになります。1）で

TypeCount（Type）に1を加算することにより，各値が抽出された回数をカウントします。続く2）のIf文で，もし抽出された回数が1回目なら（If TypeCount（Type）= 1），さきほどと同様にBlockCountに1を加算，SeqTypes（BlockCount）にTypeの値を格納して，n番目の刺激を指定します。一方，Do Until～Loop内の処理を繰り返していく中でTypeCount（Type）が2以上になったときには（抽出された回数が2回目以降），If文内の処理は行われずに，先頭に戻ってDo Until～Loop内の処理を繰り返します。1から4までの各値が最低1回ずつ抽出されることでBlockCountは4になり，繰り返し処理が終了します。そして，1回目に抽出された順序に従ってそれぞれの値がSeqTypes（）に格納されます。

それでは，以上の事柄を踏まえて本プログラムでランダマイズに用いるコードを紹介します。実際に実験を行う場合には，たとえば1回の実験セッションで4種類の刺激をそれぞれ3回ずつランダムに呈示するといった操作が行われます。このとき，計12試行を連続する4試行ごとに3つのブロックに分け，各ブロック内で刺激を1回ずつランダムに呈示するといった方法が用いられる場合があります。本章では，下記のSubプロシージャQuasiRandom（）によって，そのようなランダムな系列を作成します。まずは，下記の変数をグローバル変数として宣言します（BlockCount，TypeCount（），SeqTypes（）については上述と同様の働きをします）。

```
Dim BlockCount As Integer
Dim TypeCount(50) As Integer
Dim SeqTypes(500) As Integer
Dim NofR As Integer
Dim Adjust As Integer
Dim TotalCount As Integer
Dim TotalTrials As Integer
```

SubプロシージャQuasiRandom（）は，下記の通りです。

```
Private Sub QuasiRandom(ByVal...
    Do Until BlockCount = NofR
        Randomize()
        Type = Int(NofR*Rnd()+ 1) + Adjust
        TypeCount(Type) = TypeCount(Type) + 1
        If TypeCount(Type) = 1 Then
            BlockCount = BlockCount + 1
            TotalCount = TotalCount + 1
            SeqTypes(TotalCount) = Types
        End If
    Loop
    BlockCount = 0
    For i As Integer = 1 To NofR + Adjust
        TypeCount(i) = 0
```

```
        Next i
        If TotalCount >= TotalTrials Then
            TotalCount = 0
        Else
            QuasiRandom()
        End If
End Sub
```

　Do Until〜Loop 内のコードはさきほどとほぼ同じですが，以下の点が異なっています。まずは，刺激の数，そして Do Until〜Loop の処理数を示していた"4"という値が，変数 NofR に置き換わっています。詳細は後述しますが，ランダムに抽出する値の範囲が異なる際にも調整できるようにするためです（変数 Adjust も同様です）。次に，BlockCount = BlockCount + 1 の下 2 行が追加，変更されています。ここでは，変数 TotalCount に 1 を加算し（TotalCount = TotalCount + 1），系列内の順番を指定しています（SeqTypes (TotalCount) = Types，括弧内が TotalCount になっていることに注意してください）。この Do Until〜Loop 内の処理によって，1 つのブロック内での順番を決定しますが，基本的にはこの処理を繰り返すことで 1 セッション全体での系列を構成します。そのために必要なコードが，Loop より下のコードです。まず，Do Until〜Loop の処理が一度終了したら（1 ブロック内の系列が作成されたら），続くブロックにおける系列を作成するために必要な変数の初期化（= 0）を行います。1 つは Do Until〜Loop の条件文に使われている変数 BlockCount，そして各値が抽出された回数を格納する変数 TypeCount（ ）です。繰り返し処理の 1 つである For〜Next を用いて，各インデックス番号を持つ TypeCount（ ）をすべて 0 にします。続く If 文 によって，1 セッション全体で用いる系列が完成したかどうかを判定します。系列内の順番を示す TotalCount の値が，総試行数を示す変数 TotalTrials に達したならば（If TotalCount >= TotalTrials Then），TotalCount を 0 に戻してこの Sub プロシージャ QuasiRandom（ ）は終了となります。一方，総試行数に達していないならば（Else〜），再度 QuasiRandom（ ）を呼び出すことで，このプロシージャを先頭から繰り返します。このようにブロックという単位でランダムな系列を作成し，それを必要な試行数の分だけ繰り返すことで 1 セッション全体の系列を構成します。それでは続いてこの QuasiRandom（ ）を利用して，具体的に刺激の呈示位置やその順序を決定していきます。

■ 呈示位置のランダマイズ

　同時弁別手続きで 2 つの刺激を呈示する場合，それぞれを左右に並べて呈示するならば，呈示パターンは，左 S1・右 S2 と左 S2・右 S1 の 2 通りになります。2 通りの呈示パターンを試行間でランダムにすることも可能ですが，本プログラムでは位置による制御の可能性を減少させるために，呈示位置として左，中央，右の 3 つの場所を設けます。呈示される刺激は 2 つですので 1 つの場所には刺激が呈示されませんが，呈示パターンは 6 通りになります（たとえば，左 S1・中央 S2・右なし，左 S1・中央なし・右 S2 など）。この 6 通りの呈示パターンが試行間でランダムになるようにプログラムしますが，ここでさきほどの Sub プロシージャ QuasiRandom（ ）を使います。では，まずは呈示位置に関する系列を格納するた

めの変数 PositionTypes（ ）をグローバル変数として宣言します。

```
Dim PositionTypes(500) As Integer
```

下記の Sub プロシージャ Location_Random（ ）の中で，必要となる変数を設定し，QuasiRandom（ ）を呼び出すことで呈示位置に関するランダムな系列を作成します。

```
Private Sub Location_Random()
    NofR = 6
    Adjust = 0
    QuasiRandom()
    For i As Integer = 1 To TotalTrials
        PositionTypes(i) = SeqTypes(i)
    Next
End Sub
```

上記のコードでは，変数 NofR に 6 を（NofR = 6），Adjust には 0 を代入した上で（Adjust = 0），PseudRandom（ ）を呼び出しています。呼び出された QuasiRandom（ ）内では，NofR に 6 が代入されていることにより，1 つのブロックが 1 から 6 までの値（各値が呈示パターンに対応します）で構成される系列が変数 SeqTypes（ ）に格納されます。QuasiRandom（ ）の終了に続いて，上記コードの For ～ Next 内の処理が行われます。SeqTypes（ ）に格納されている値を，インデックスが 1 のものから順に変数 PositionTypes（ ）に代入することで（PositionTypes（ ） = SeqType（ ）），呈示位置に関するランダムな系列の完成となります。

試行タイプをランダム

さきほど 1 試行の流れを確認した際には，呈示する刺激を S1 と S2 の 2 種類にしましたが，より多くの刺激（対）を用いて単純弁別訓練を行う場合があります。たとえば，機能的刺激クラス（functional stimulus class）に関する研究では，複数の異なる刺激を S+ と S- の 2 つのグループに分けて一連の弁別課題を行います（e.g., Sidman, et al., 1989）。ここでは，6 つの刺激を用いて，3 つの刺激対（S1 と S2，S3 と S4，S5 と S6）が試行間でランダムに呈示されるようプログラムを構築していきます。ランダムな系列の作成方法は先述の呈示位置に関するものと同様です。呈示する刺激対（試行タイプ）は 3 種類ですので，NofR に 3 を代入した上で QuasiRandom（ ）を呼び出して系列を作成します（1，2，3 の値がそれぞれの刺激対に対応します）。ただし，ここでは後で調整ができるように直接 3 の値を代入せず変数を使用します。宣言する変数は NofType と TrialAdjust です。具体的な値（NofType = 3，TrialAdjust =（ ））は，後述する初期設定の箇所で代入します。加えて，試行タイプに関する系列を格納する変数 TrialTypes（ ）をグローバル変数として宣言します。

```
Dim NofType As Integer
Dim TrialAdjust As Integer
Dim TrialTypes(500) As Integer
```

Sub プロシージャ Trial_Random（）は下記のようになります．

```
Private Sub Trial_Random()
    NofR = NofType
    Adjust = TrialAdjust
    QuasiRandom()
    For i As Integer = 1 To TotalTrials
        TrialTypes(i) = SeqTypes(i)
    Next
End Sub
```

さきほどの Location_Random（）と形式は同じです．NofR に NofType の値を代入すること，For ～ Next によって SeqTypes（）に格納された値を TrialTypes（）に格納すること（TrialTypes（）= SeqType（））が異なるだけです．これにより各試行タイプに対応した1から3までの値を持つランダムな系列が作成されます．

以上で，刺激の呈示位置，各試行タイプの呈示順序に関するそれぞれの系列が完成しました．この2つの系列をもとにして，たとえば，1試行目では刺激対 S3 と S4 を呈示し，位置は左 S3・中央 S4・右なし，2試行目は刺激対 S1 と S2 で，呈示位置は左なし・中央 S2・右 S1 といったように，各試行で呈示する試行タイプと呈示パターンが決定されます．

具体的な刺激の種類，呈示位置の指定は，下記の Sub プロシージャ Arrange_Trials（）で行います．まずは，試行数（n 試行目）を格納するための Trial をグローバル変数として宣言します．

```
Dim Trial As Integer
```

Arrange_Trials（）は，下記のコードになります．はじめに一番上の行で試行数のカウントを行います（Trial = Trial + 1）．このプロシージャは大きく2つのパートに分かれていますが，Select Case TrialType（Trial）～ End Select で呈示する試行タイプ，Select Case PositionType（Trial）～ End Select により刺激の呈示位置を指定します．

```
Private Sub Arrange_Trials()
    Trial = Trial + 1
    Select Case TrialType(Trial)
        Case 1
            PictureBox1.Image = My.Resources.S1
```

```
                PictureBox2.Image = My.Resources.S2
            Case 2
                PictureBox1.Image = My.Resources.S3
                PictureBox2.Image = My.Resources.S4
            Case 3
                PictureBox1.Image = My.Resources.S5
                PictureBox2.Image = My.Resources.S6
        End Select

        Select Case PositionTypes(Trial)
            Case 1
                PictureBox1.Left = (Me.Width - PictureBox1.Width) / 2 - 200
                PictureBox2.Left = (Me.Width - PictureBox2.Width) / 2
            Case 2
                PictureBox1.Left = (Me.Width - PictureBox1.Width) / 2 - 200
                PictureBox2.Left = (Me.Width - PictureBox2.Width) / 2 + 200
            Case 3
                PictureBox1.Left = (Me.Width - PictureBox1.Width) / 2
                PictureBox2.Left = (Me.Width - PictureBox2.Width) / 2 - 200
            Case 4
                PictureBox1.Left = (Me.Width - PictureBox1.Width) / 2
                PictureBox2.Left = (Me.Width - PictureBox2.Width) / 2 + 200
            Case 5
                PictureBox1.Left = (Me.Width - PictureBox1.Width) / 2 + 200
                PictureBox2.Left = (Me.Width - PictureBox2.Width) / 2 - 200
            Case 6
                PictureBox1.Left = (Me.Width - PictureBox1.Width) / 2 + 200
                PictureBox2.Left = (Me.Width - PictureBox2.Width) / 2
        End Select
End Sub
```

　まずは，試行タイプを指定する Select Case TrialType（Trial）〜 End Select の部分ですが，変数 TrialType（ ）にどの値が格納されているかによって，Case1，2，3 のいずれかの処理をします。TrialType（ ）には，さきほどの Sub プロシージャ Trial_Random（ ）で作成された 1 から 3 までの値で構成されるランダムな系列が格納されています。たとえば，TrialType（1）には 3，TrialType（2）には 1 の値が格納されていたとします。このとき，第 1 試行目（Trial = 1）ならば，TrialType（1）に格納されている値である 3 をもとに判定を行い，Case 3 の処理，すなわち PictureBox1 に刺激 S5，PictureBox2 には刺激 S6 を指定します。同様に 2 試行目（Trial = 2）の場合は，TrialType（2）の値は 1 ですので，Case 1 の処理（PictureBox1 に S1，PictureBocx2 に S2）が行われます。このように，TrialType（ ）に格納されているそれぞれの値から具体的な試行タイプ（どの刺激対を呈示するか）を指定します。

　続く 2 つ目のパート，Select Case PositionType（Trial）〜 End Select についても，基本的には同じ形式で処理を行います。変数 PositionType（ ）に格納されている 1〜6 までの値に基づいて，各試行における刺激の呈示位置を指定します。Case1 から Case 6 まで

が，それぞれ6通りの呈示パターンに対応しますが，各ピクチャーボックスのLeftプロパティを変更することで位置を調整しています。たとえば，Case1では，PictureBox1のLeftの値を（Me.Width - PictureBox1.Width）/ 2 - 250のように指定しています。これは上述のForm1_Loadイベントで行った各コントロールの位置調整で用いた方法と同様のものです。Locationプロパティでは，X軸とY軸両方の位置を指定しましたが，LeftプロパティではX軸上の位置のみを指定します。Form中央の位置を取得する（Me.Width - PictureBox1（または2）.Width）/ 2に，一定の値（200）を加減することでそれぞれの位置を調整しています（左は - 200，右は + 200，加減されていないものは中央）。たとえば，Case1ならば，左にPictureBox1，中央にPictureBox2（右には刺激なし），Case2ならば，左にPictureBox1，右にPictureBox2（中央には刺激なし）という呈示パターンになります。新しい試行に移行するときに，このArrange_Trials( )を呼び出すことによって呈示する試行タイプ，呈示位置を指定します。

修正手続き（矯正法）と正反応数のカウント

同時弁別や条件性弁別の訓練では，負刺激への選択（誤反応）が示された場合に，正刺激に対する反応が生じるまで，ITIをはさんで同一試行（同じ刺激，同じ呈示位置）を繰り返す修正手続き（correction procedure）が用いられることがあります。多くの場合，修正試行で正選択が示された際にもフィードバックは呈示しますが，訓練の達成基準などに使われる正反応数としてはカウントしません。この修正法と正反応数のカウントに関する処理は，SubプロシージャCorrect( )，Incorrecrt( )で行います。まずは，下の2つをグローバル変数として宣言します。

```
Dim RepeatTrial As Integer
Dim CorrectRsp(50) As Integer
```

下記が，先に紹介したCorrect( )，Incorrect( )に変更を加えたコードです。

```
Private Sub Correct()
    Label1.Text = "CORRECT"
    Label1.Visible = True
    Console.Beep(523, 100)
    PointCount = PointCount + 100
    Label2.Text = PointCount
    If RepeatTrial = 0 Then
        CorrectRsp(TrialTypes(Trial))=CorrectRsp(TrialTypes(Trial))+1
    End If
    RepeatTrial = 0
    Arrange_Trials()
End Sub
------------------------------------------------------------------------
Private Sub Incorrect()
```

```
        Label1.Text = "WRONG"
        Label1.Visible = True
        Console.Beep(262, 100)
        RepeatTrial = RepeatTrial + 1
    End Sub
-------------------------------------------------------------------
    Private Sub Trial_End()
        PictureBox1.Visible = False
        PictureBox2.Visible = False
        Timer1.Enabled = True
    End Sub
```

Correct（ ）では下5行，Incorrecrt（ ）では一番下の1行が追加されています。

まず，修正法についてですが，正選択後と誤選択後で大きく異なるのは新しい試行に移行するかどうかです。誤選択の後には，新しい試行に移行せずに同一試行を繰り返します。先述したように，本プログラムでは，Sub プロシージャ Arrange_Trial（ ）によって各試行で呈示する刺激の種類や位置を指定します。上の Correct（ ），Incorrect（ ）を見て頂くと，Correct（ ）内には一番下に Arrange_Trials（ ）の1行が追加されていますが，Incorrect（ ）内にはそれがないと思います。正誤どちらの反応の場合でも，ITI に続いて次の刺激を呈示するという流れは同じですが，この時点で Arrange_Trials（ ）を呼び出すかどうかによって，次が新しい試行なのか，それとも修正試行（同じ試行の繰り返し）なのかが区別されます。そして，Incorrect（ ）の一番下に追加した1行（RepeatTrial = RepeatTrial + 1）によって，修正試行の回数（反復回数）をカウントしています。正刺激への選択後，それを正反応数としてカウントするかどうかは，変数 RepeatTrial に格納された値によって判断します。Correct（ ）に追加した If 文（If RepeatTrial = 0 Then）により，修正試行ではないときにだけ（= 0），正反応数を試行タイプごとにカウントします（CorrectRsp（TrialTypes（Trial）） = CorrectRsp（TrialTypes（Trial）） + 1）。また，正反応が示されたならば，続いて新しい試行に移行するので RepeatTrial は初期化（= 0）しておきます。

■ 各試行における反応の記録

正反応数については上記のコードでカウントしましたが，今度はそれぞれの試行に関するより具体的なデータを取得します。本プログラムでは，各試行で選択された刺激の種類と反応潜時（latency）の2つを記録します。

刺激が呈示されてから選択反応が生じるまでの時間を反応潜時として測定しますが，同時弁別課題において，刺激の呈示前に試行を開始するための反応（trial-initiation response）を求めることがあります（Saunder & William, 1998）。これにより視覚刺激を画面上に呈示する場合などには，その呈示を見逃すといった可能性を減らすことができます。ここでは，PictureBox4 を用いてそれに対する反応に続いて刺激が呈示されるようにします。PictureBox4 に何らかの画像ファイルを割り当てても構いませんが，ここでは単にコントロールの色を変更します（BackColor プロパティを Blue）。

PictureBox4 の MouseDown イベントによって，刺激を呈示するための Present_Stimuli

（　）を呼び出し，PictureBox4 は画面から消します（Visible = False）。

```
Private Sub PictureBox4_MouseDown(ByVal...
    PresentStimuli()
    PictureBox4.Visible = False
End Sub
```

反応データの記録に用いる変数として以下のものをグローバル変数として宣言します。

```
Dim STime, Latency As Single
Dim TrialData(500) As String
```

下記のコードによってデータの記録を行います。上述の Present_Stimuli（　）に 1 行，PictureBox1，PictureBox2 の各 MouseDown イベントに 2 行追加します。

```
Private Sub Present_Stimuli()
    STime = Microsoft.VisualBasic.Timer
    PictureBox1.Visible = True
    PictureBox2.Visible = True
End Sub
------------------------------------------------------------
Private Sub PictureBox1_MouseDown(ByVal...
    Latency = Microsoft.VisualBasic.Timer - Stime
    TrialData(Trial) = TrialData(Trial) & RepeatTrial & "," & "1" & ","
& Latency & "; "
    Correct()
    Trial_End()
End Sub
------------------------------------------------------------
Private Sub PictureBox2_MouseDown(ByVal...
    Latency = Microsoft.VisualBasic.Timer - Stime
    TrialData(Trial) = TrialData(Trial) & RepeatTrial & "," & "2" & ","
& Latency & "; "
    Incorrect()
    Trial_End()
End Sub
```

　Present_Stimuli（　）には，STime = Microsoft.VisualBasic.Timer の 1 行を追加することで，刺激呈示時の Timer 関数の値を変数 STime に格納します。反応潜時の測定開始点にあたります。

　PictureBox1 と PictureBox2 の MouseDown イベントについては，それぞれ一番上に Latency = Microsoft.VisualBasic.Timer - Stime の 1 行を追加します。選択が生じた時点で

の Timer 関数の値から Stime に格納されている値を引くことによって反応潜時を取得し，変数 Latency に代入します。さらに，その下にもう1行，TrialData（Trial）から始まるコードが追加されていますが，ここで反応潜時と選択された刺激に関するデータを，変数 TrialData（Trial）にまとめて格納します（= TrialData（NofTrial）& RepeatTrial & "," & "1" & "," & Latency & "; "）。いくつかの変数が並んだ右辺には，まず左辺と同じ TrialData（NofTrial）がありますが，これは修正法で試行が繰り返された際に，それぞれのデータが残るようにするためのものです。続いて RepeatTrial，"1"（PictureBox2 では "2"），Latency などが並んでいますが，このうち "1"（あるいは "2"）が，選択された刺激を示します。たとえば，第1試行目で PictureBox2 を選択し（誤反応），潜時が1.02秒だった場合には，TrialData（1）に [0, 2, 1.02;] といったデータが格納されます。続く修正試行で，PictureBox1 を選択し（正反応），潜時が1.33秒だった場合には，TrialData（1）に格納されるデータは [0, 2, 1.02; 1, 1, 1.33;] となります。修正試行でのデータが，先のデータの後ろ（"; " の後）に追加される形で格納されます。"; " で区切られるそれぞれのデータの先頭の数字が RepeatTrial の値になりますので，修正試行が繰り返されるならば，その反復回数が先頭の数字により示されます。

初期設定

実験を行う上で，実験条件や刺激の組み合わせを変えたり，試行数を調整したりすることがあります。ここでは，フォーム上に新たにコントロールを配置してそのような設定が行えるようにします。はじめにフォーム上に GroupBox（グループボックス）コントロールを配置し，その中にテキストボックスを3つ（TextBox1, 2, 3）と Button1 を配置します（図 3-6）。図中の "ファイル名"，"試行数"，"条件" は，Label の Text に入力して配置しています（これらは，文字通りのラベルなので他のものでも構いません）。プログラムの実行後，各テキストボックスに入力された文字や値を取得して設定を行います。

まず，設定のために使う上記のコントロールが，プログラムの実行直後に表示されるようにします。下記の Form1_Load イベントを用いますが，上述したコードとはいくつか変更があります。各コントロールの位置を調整している点は変わりませんが，PictureBox4 の Location に関するコードが追加されています。PictureBox1, 2 とは異なり，画面の中央やや上方に調整されています。また，ピクチャーボックスに表示する刺激の指定とその呈示は他の箇所で行うため，それらに関する3行のコードが無くなっています。

下2行のコードは新しく追加したものです。まず，KeyPreview を True にすることよって，実験の開始，終了処理で用いる Key イベントが使える状態にしています。一番下に追加した行で設定用の GroupBox1 を表示します（Visible = True）。グループボックスの中に配置された各コントロールはグループ化されるので，各 TextBox や Button それぞれについて1つずつコードを記述しなくてもそれらがまとめて表示されます。

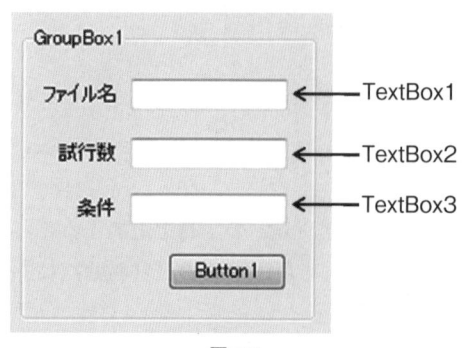

図 3-6

```
Private Sub Form1_Load(ByVal ...
    PictureBox1.Location = New Point((Me.Width-PictureBox1.Width)/2-200,
(Me.Height-PictureBox1.Height)/ 2+100)
    PictureBox2.Location = New Point((Me.Width-PictureBox2.Width)/2+200,
(Me.Height-PictureBox2.Height)/ 2+100)
    PictureBox4.Location = New Point((Me.Width - PictureBox4.Width)/2,
(Me.Height-PictureBox4.Height)/2-100)
    Label1.Location = New Point((Me.Width-Label1.Width)/2,
(Me.Height-Label1.Height)/2)
    Label2.Location = New Point((Me.Width-Label2.Width-100, 0)
    Label2.Text = 0
    Label2.Visible = True
    KeyPreview = True
    GroupBox1.Visible = True
End Sub
```

上記の Form_Load イベントによって，プログラム実行後に GroupBox1 が表示されたら，それぞれのテキストボックスに設定内容を入力します。TextBox1 には，データを保存する際のファイルの名前（たとえば参加者番号など），TextBox2 には1セッションの試行数，TextBox3 には実験条件を示す値（たとえば1＝訓練，2＝テストなど）を入力するようにします。

入力が終えたら，Button1 をクリックすることによって設定内容を変数に置き換えます。これは，下記の Button1 の Click イベントで行います。新たに次の2つの変数を宣言します。

```
Dim DataFile As String
Dim Condition As Integer
```

下記が，Button1 の Click イベントのコードです。

```
Private Sub Button1_Click(ByVal...
    DataFile = TextBox1.Text
    TotalTrials = TextBox2.Text
    Condition = TextBox3.Text
    NofType = 3 : TrialAdjust = 0
    GroupBox1.Visible = False
    Label1.Text = "READY"
    Label1.Visible = True
    KeyPreview = True
End Sub
```

Button1 がクリックされたら，ファイルの名前は変数 DataFile（＝ TextBox1.Text），試

行数は変数 TotalTrial（= TextBox2.Text），条件は変数 Condition（= TextBox3.Text）にそれぞれ代入します。また，試行タイプの数 NofType には 3，TrialAdjust には 0 を代入します。それが終えたら GroupBox1 を画面から消します（Visible = False）。そして，Label1 の Text に"READY"を代入して表示します（Visible = True）。Label1 はフィードバック用のラベルでしたが，実験開始前の状態として"READY"の文字を画面中央に呈示します。また，KeyPreview を True にすることによって，実験の開始，終了処理で用いる KeyPress イベントが使える状態にしています。

■ 実験の開始と終了処理（データの保存）

本プログラムでは，実験の開始と終了（データファイルの作成，プログラムの終了）の処理を KeyPress イベントで行います。ここで，セッション時間の計測を行いますので，次の変数をグローバル変数として宣言します。

```
Dim StartTime, TotalTime As Single
```

下記の KeyPress イベントで，キーボードの"s"キーが押されたら（If e.KeyChar = "s" Then），実験が開始されるようにします。まず，セッション時間を計測するために，変数 StartTime に Timer 関数の値を格納します。

続いて Trial_Random（），Location_Random（）を呼び出し，1 セッションで呈示する試行タイプの系列，刺激の呈示位置に関する系列を作成します。作成された系列をもとに，次の Arrange_Trial（）で 1 試行目の準備をします（2 試行目以降は Correct（）内で Arrange_Trial（）を呼び出します）。最後に，ITI 計測用の Timer1 を作動させることにより，"s"キーを押してから 3 秒後に第 1 試行が開始されるようにしています。また，Label1 の Text に"GO"を代入していますが，これにより"READY"に続いて，"GO"の文字が 2 秒間表示され，その 1 秒経過後に第 1 試行が開始されるという流れになります。

```
Private Sub Form1_KeyPress(ByVal sender As Object, ByVal e As
    If e.KeyChar = "s" Then
        StartTime = Microsoft.VisualBasic.Timer
        Trial_Random()
        Stimulus_Location()
        Arrange_Trials()
        Label1.Text = "GO"
        Timer1.Enabled = True
    ElseIf e.KeyChar = "e" Then
        FileOpen(1, "d:\" & DataFile & ".txt", OpenMode.Output)
        WriteLine(1, "Condition", Condition)
        WriteLine(1, "TotalTime", TotalTime)
        WriteLine(1, "TrialType", "CorrectRsp")
        For i As Integer = 1 To NofType + TrialAdjust
            WriteLine(1, i, CorrectRsp(i))
```

```
        Next
        WriteLine(1, "Trials", "TrialType", "PositionType", "Repeat",
"Select", "Latency")
        For i As Integer = 1 To TotalTrials
            PrintLine(1, i & "," & TrialTypes(i)& "," & PositionTypes(i)&
"," & TrialData(i))
        Next
        FileClose(1)
        Me.Close()
    End If
End Sub
```

終了処理は，"e"キーを押すことによって行います（ElseIf e.KeyChar = "e" Then ～）。下から2行目のMe.Close（ ）を除いてデータファイルの保存に関するコードになります。本プログラムでは，テキストファイル（.txt）にデータを書き込みます。1行目FileOpen ～によって，Dドライブに初期設定でTextBox1に入力した名前（DataFile）を名称としたテキストファイルを開きます。その下のWriteLineから始まるコードで書き込みを行っています。上の2行は，条件（Condition）とセッション時間（TotalTime）です。3行目は，正答数のデータの説明です。正答数のデータ（CorrectRsp（ ））は，For ～ Next文を使って試行タイプごとに正答数を書き込みます。続くWriteLine（下から7行目）は試行データの説明です。それぞれの試行に関するデータには，試行の順番（i）に従って試行タイプ（TrialType（ ）），呈示位置のパターン（PositionType（ ）），選択された刺激と反応潜時（TrialData（ ））を，For ～ Next文を使って書き込みます。たとえば，計6試行（3つの試行タイプ×2回）実施した場合には，図3-7のようなファイルが作成されます。

最後に，ファイルを閉じて（FileClose（1）），プログラムを終了します（Me.Close（ ））。

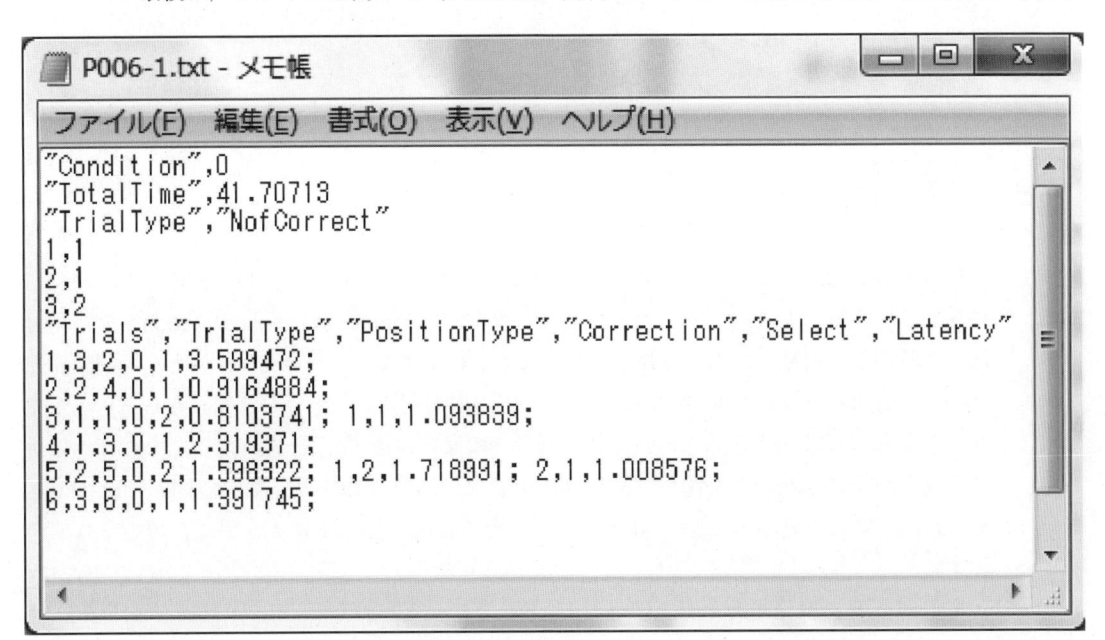

図 3-7

セッションが終了したかどうかは，各試行の後に必ず行われる Timer1_Tick イベント内で，試行数（Trial）をもとに判定します．上述の Timer1_Tick イベントに変更を加えたコードが下記のものです．ITI の終了を判定する If 文（If ITItime >= 3000 Then）の中に，新しく7行，If NofTrial <= TotalTrials Then ~ Else ~ End If が追加されています．ArrangeTrials（ ）内でカウントされる NofTrial の値が，設定した総試行数（TotalTrials）以下ならば，PictureBox4 を呈示することで（Visible = True）次の試行を開始します．そしてすべての試行が終えたならば（Else），Label1 の Text に"GAME OVER"の文字を代入して表示します（Visible = True）．また，この時点での Timer 関数の値から StartTime に格納されている値を引くことでセッション時間を TotalTime に格納しています．"GAME OVER"が表示されたら，上述の"e"キーを押すことで終了処理を行います．

```
Private Sub Timer1_Tick(ByVal...
    ITItime = ITItime + 100
    If ITItime >= 2000 Then
        Label1.Visible = False
    End If
    If ITItime >= 3000 Then
        Timer1.Enabled = False
        ITItime = 0
        If NofTrial <= TotalTrials Then
            PictureBox4.Visible = True
        Else
            Label1.Text = "GAME OVER"
            Label1.Visible = True
            TotalTime = Microsoft.VisualBasic.Timer - StartTime
        End If
    End If
End Sub
```

3.2　条件性弁別（2選択）

　単純弁別では，たとえば青と赤の色刺激が呈示されていた場合に，青刺激のもとでの反応のみが強化されました．これに対して，条件性弁別（conditional discrimination）では，付加される条件（刺激）によって強化される反応が異なります．たとえば，青と赤の刺激に先行して，三角形（△）か丸（○）どちらか一方の図形刺激が呈示されます．もし三角形が先行したならば青に対する反応が強化され（赤への反応は消去），一方丸だったならば赤に対する反応が強化されます（青への反応は消去）．このような操作は，見本合わせ（matching-to-sample, MTS）手続きと呼ばれますが，研究の目的に従って様々な手法が用いられています．

　標準的な選択型見本合わせ（choice MTS）では，見本刺激（sample stimulus）が1つ，比較刺激（comparison stimulus）が2つ以上呈示され，特定の比較刺激の選択が強化さ

れます（上の例では，三角形と丸の図形刺激が見本刺激，青と赤の色刺激が比較刺激になります）。このとき，見本刺激と同じ比較刺激の選択を強化する手続きは同一見本合わせ（identity MTS），それとは逆に見本刺激と同じではない刺激の選択を強化する手続きは異物合わせ（oddity matching）と呼ばれます。また，恣意的見本合わせ（arbitrary MTS），あるいは象徴見本合わせ（symbolic MTS）では，上記の例のように物理的に異なる見本刺激と比較刺激を用いて，それらの組み合わせを任意に設定した上で強化を行います。さらに，見本刺激と比較刺激との対応関係だけでなく，その時間的な関係によっても次の2つの手続きに分けることができます。1つは，見本刺激と比較刺激の両方が呈示されている状態で選択を求める同時見本合わせ（simultaneous MTS），もう1つは先行する見本刺激の消失後に比較刺激が呈示される遅延見本合わせ（delayed MTS）です。選択型見本合わせの他にも，Go / No-Go型見本合わせなど様々な方法がありますが，詳しくは中島（1995）に解説されています。

　今回紹介するプログラムも選択型見本合わせになりますが，まずは比較刺激が2つの場合の条件性弁別について説明します。基本的なコードは前節の単純弁別と同じものになります。大きく異なる点は，見本刺激が呈示されること，刺激（比較刺激）に対する反応へのフィードバックが試行ごとに（見本刺激によって）異なるということです。

　見本刺激の呈示には，単純弁別で試行を開始するために用いたPictureBox4を使用します。具体的には，SubプロシージャArrange_Trials（）のSelect Case TrialType（Trial）～End Selectの中で，見本刺激として呈示する刺激をPictureBox4のImageプロパティに指定します。比較刺激は，PictureBox1, 2にそれぞれ表示しますが，先ほどと同様PictureBox1には正答となる刺激，PictureBox2には誤答となる刺激を指定します。たとえば，同一見本合わせならば，PictureBox4（見本刺激）とPictureBox1に同じ刺激を指定します。2つの刺激（S1とS2）を用いるならば下記のコードになります。見本刺激としてS1を呈示する試行では（Case1），PictureBox1, 4にS1を指定し，見本刺激がS2ならば（Case2），PictureBox1, 4にS2を指定します。

```
Select Case TrialType(Trial)
    Case 1
        PictureBox1.Image = My.Resources.S1
        PictureBox2.Image = My.Resources.S2
        PictureBox4.Image = My.Resources.S1
    Case 2
        PictureBox1.Image = My.Resources.S2
        PictureBox2.Image = My.Resources.S1
        PictureBox4.Image = My.Resources.S2
End Select
```

　PictureBox1, 2は単純弁別のときと同じ働きをしますので，PictureBox1が選択されたならば正のフィードバック，PictureBox2が選択されたならば負のフィードバックが呈示されます。また，上のコードのPictureBox1, 2に指定する刺激を逆にすれば，異物合わせになります。

恣意的見本合わせについても同じようにそれぞれのピクチャーボックスに刺激を指定します。たとえば，見本刺激として S1 と S2 を使うことにします。その場合，恣意的見本合わせでは見本とは異なる刺激を比較刺激として呈示しますので，比較刺激は S3 と S4 とします。下記は，見本 S1 の場合に比較 S3 の選択，見本 S2 の場合には比較 S4 の選択を強化するよう設定した場合のコードです。見本刺激として S1 を呈示する試行が Case1，S2 を呈示する試行が Case2 です。PictureBox1 には，Case1 では S3，Case2 では S4 を指定しています。

```
Select Case TrialType(Trial)
    Case 1
        PictureBox1.Image = My.Resources.S3
        PictureBox2.Image = My.Resources.S4
        PictureBox4.Image = My.Resources.S1
    Case 2
        PictureBox1.Image = My.Resources.S4
        PictureBox2.Image = My.Resources.S3
        PictureBox4.Image = My.Resources.S2
End Select
```

呈示する刺激や試行タイプを増やす簡単な方法は，その分だけ上記の Case を追加し，各ピクチャーボックスにそれぞれ刺激を指定します。そして，実験の初期設定に用いる Button1 の Click イベント内で，試行タイプの数を変数 NofType に代入します。上の例ならば，試行タイプは 2 つですので NofType = 2 とします。これにより，ある試行では見本刺激 S1，他の試行では S2 がランダムに呈示されるようになります。

ところで，前節の単純弁別では，PictureBox4 に対する反応に続いてそれ自体は消え，2 つの刺激（PictureBox1, 2）が呈示されていました。ここで紹介する条件性弁別のプログラムも流れは同じですので，PictureBox4 に表示される見本刺激はそれに対する反応により消失し，比較刺激が呈示されます。上述したように見本刺激が消失してから比較刺激が呈示される手続きは，遅延見本合わせでした。見本刺激の消失と比較刺激の呈示の間に一定の間隔をあけない場合は，遅延時間が 0 秒ということから，0 秒遅延見本合わせと呼ばれます。見本刺激に対して求める反応は，観察反応（observing response）と呼ばれますが，見本刺激に対する反応の有無やその種類により，課題の成績が異なることがいくつかの研究で示されています（Mackay, 1991）。また，今回のプログラムを同時見本合わせにする場合には，PictureBox4（見本刺激）の MouseDown（ ）イベントでその Visible を False にせずに，他の PictureBox と同様に Trial_End（ ）で False にすることで，見本刺激は比較刺激に対する反応が生じるまで画面に表示されるようになります。

3.3 排他律

ここで 2 選択の条件性弁別を用いた実験のプログラムを 1 つ紹介します。2 選択の条件性弁別訓練において，たとえば A1 と A2 を見本刺激，B1 と B2 を比較刺激として，見本刺激

がA1の場合にはB1の選択，A2の場合にはB2の選択を強化するとします。この随伴性に従った反応が形成された場合に，"A1ならばB1を選ぶ（A2ならばB2を選ぶ）"という正刺激による制御（S + control）だけでなく，"A1ならばB2を選ばない（A2ならばB1を選ばない）"という負刺激による制御（S − control）も生じている可能性があります。負刺激による制御が成立しているかどうかは，新しい比較刺激を呈示することでテストされます。見本刺激がA1の場合に，比較刺激としてB1の代わりに新奇刺激BNそしてB2を呈示して，もし"B2を選ばずに"BNが選択されるならば，負刺激による制御が成立していると捉えることができます。

この負刺激による制御の1つに排他律による制御（control by exclusion）があります（e.g., McIlvane et al., 1987）。具体的には，上記と同様の訓練に続くテストにおいて，比較刺激として新奇刺激BNとB2を呈示する際に，見本刺激に新奇刺激ANを呈示します。このとき，BNが選択されるならば排他律による制御が成立していると考えられます。言い換えるならば，"A2ではないならばB2を選ばない（A1ではないならばB1を選ばない）"ことによりBNの選択が示されます（Tomonaga, 1993）。排他律は，特定の訓練なしで未知事物の名称を獲得する際に重要であると考えられています（山本, 2001）。

では，実際に排他律に関する実験を行うためのプログラムを紹介します。上記のように，訓練では見本刺激A1の場合に比較刺激B1，A2の場合にB2の選択を強化し，排他律のテストでは新奇刺激AN，BNを呈示します。テストでは，見本刺激としてANを呈示しますが，比較刺激にBNとB1を呈示する試行と，BNとB2を呈示する試行の2つのタイプを設けます。したがって，訓練とテストを通して使用する刺激は6つ，呈示する試行のタイプは4つになります（表3-1）。

また，初期設定で条件を変えることにより，訓練ではA1，A2が見本刺激となる2つの試行タイプ（表3-1，TrialType（ ）の1と2）が呈示されるようにします。テストでは，ANが見本刺激となる2つの試行タイプ（表1-1，TrialType（ ）の3と4）を呈示しますが，今回のプログラムでは2種類のテストが実施できるようにします。1つは，1セッションで2つのタイプのテスト試行だけを呈示するもの（以下，テストI），もう1つは訓練で用いた試行も含めた計4つのタイプを混在させて呈示するもの（以下，テストII）です。プログラム実行後の初期設定でTextBox3に1（訓練），2（テストI），3（テストII）いずれかの値を入力することでそれらを制御します。

まず，初期設定を行うButton1_Click（ ）を変更します。ここで，変数Conditionの値（TextBox3に入力された値）をもとに，そのセッションでどの試行タイプを呈示するのか（訓練，あるいはテストI，IIなのか）を決定します。加えて，刺激ファイル（My.Resources.S1など）を変数（A1など）に置き換えます。変数にすることで，参加者や実験条件によって刺激の種類やその組み合わせを変えたいときに変更が容易になります。そのための変数をグローバル変数としてObject型で宣言します。

```
Dim A1, A2, AN, B1, B2, BN As Object
```

Button1_Click（ ）は，下記のコードになります。

```
Private Sub Button1_Click(ByVal...
    DataFile = TextBox1.Text
    TotalTrials = TextBox2.Text
    Condition = TextBox3.Text
    Select Case Condition
        Case 1:NofType = 2:TrialAdjust = 0
        Case 2:NofType = 2:TrialAdjust = 2
        Case 3:NofType = 4:TrialAdjust = 0
    End Select
    A1 = My.Resources.S1 : A2 = My.Resources.S2 : AN = My.Resources.S3
    B1 = My.Resources.S4 : B2 = My.Resources.S5 : BN = My.Resources.S6
    GroupBox1.Visible = False
    Label1.Text = "READY"
    Label1.Visible = True
    KeyPreview = True
End Sub
```

上記の Select Case Condition ～ End Select により，Condition の値が 1（訓練）ならば Case 1，2（テスト I）ならば Case 2，3（テスト）ならば Case 3 の処理を行います。Case 1 では NofType に 2 を代入することによって，Sub プロシージャ Trial_Random（ ）では試行タイプを示す 1 と 2 からなる系列（TrialType（ ））が作成されます。Case 2 も NofType は 2 ですが，TrialAdjust に 2 を代入することで TrialType（ ）には 3 と 4 からなる系列，そして Case 3 では NofType を 4 とすることで 4 つの試行タイプを示す 1, 2, 3, 4 の値からなる系列が作成されます。条件に従って NofType, TrialAdjust の値を変更することで，系列 TrialType（ ）に含まれる値を調整し，そのセッションでどの試行タイプを呈示するのかを決定します。

End Select の下 2 行によって，S1，S2...S6 それぞれの刺激ファイルを変数 A1，A2...BN に割り当てています。刺激の種類や組み合わせを変更する場合にはこの箇所を書き換えます。また，あらかじめいくつかの組み合わせを設定する場合には新たに条件を追加することで変更することも可能です。

これまでと同じように，各試行タイプの具体的な刺激の指定は，Arrange_Trials（ ）の Select Case TrialType（Trial）～ End 内で行います。

```
Select Case TrialType(Trial)
    Case 1
        PictureBox1.Image = B1
        PictureBox2.Image = B2
        PictureBox4.Image = A1
    Case 2
        PictureBox1.Image = B2
        PictureBox2.Image = B1
```

```
            PictureBox4.Image = A2
        Case 3
            PictureBox1.Image = BN
            PictureBox2.Image = B1
            PictureBox4.Image = AN
        Case 4
            PictureBox1.Image = BN
            PictureBox2.Image = B2
            PictureBox4.Image = AN
    End Select
```

　上記のコードがこれまでと異なる点は，各ピクチャーボックスの Image プロパティに My.Resources.S1 など刺激ファイル名ではなく，新たに宣言した変数 A1 などが指定されていることです。PictureBox4 には見本刺激，PictureBox1 には正答，PictureBox2 には誤答となる比較刺激を指定するといった点は同じです。また，Case1, 2, 3, 4 は，各試行タイプ（表 3-1）に対応します。

表 3-1

TrialType（ ）	Sample	Comparisons	
		Correct	Incorrect
1	A1	B1	B2
2	A2	B2	B1
3	AN	BN	B1
4	AN	BN	B2

無強化でテスト

　排他律や後述する刺激等価性の成立など，ある一定の訓練に続くテストにおいて，どのようなパフォーマンスが示されるかを検討する際に，そのテストの仕方にはいろいろな方法があります。

　まず，テストを行うセッション（またはブロック）をどのように構成するかによってその方法を分けることができます。テスト試行のみで構成するか（本プログラムのテスト I），それとも訓練で呈示された試行（以下，訓練試行）も含めて構成するかです（テスト II）。前者は 1 回のセッションでテストに関する多くのデータがとれ，後者は訓練で形成された反応が維持されているかを確認できるといった利点があります（Green & Saunders, 1998）。

　また，テストセッション中の反応に随伴させる結果に関しても，すべての試行において何ら特定の結果（強化子，フィードバックなど）を随伴させない場合（Sidman et. al., 1989），無強化のテスト試行と訓練試行を混在させる場合（Tomonaga, 1993），テスト試行でも強化子を呈示し，獲得の速さを条件間で比較する場合（Lionello-DeNolf & Urcuioli, 2003）などいくつかの方法があります。加えて，テストに先行して強化率を減少させるといった操作も行われます。

　本プログラムでは 2 種類のテスト（I と II）を取り上げますが，両者ともテスト試行，訓練試行に関わらず，フィードバックが呈示されないようにします。また，誤答と定義される

反応であっても修正法を適用せず（同一試行を繰り返さず）次の試行へと移行するようにします。

変更するコードは，Sub プロシージャ Correct（ ）と Incorrect（ ）です。

```
Private Sub Correct()
   If Condition <= 1 Then
      Label1.Text = "CORRECT"
      Label1.Visible = True
      Console.Beep(523, 100)
      PointCount = PointCount + 100
      Label2.Text = PointCount
   End If
   If RepeatTrial = 0 Then
      CorrectRsp(TrialTypes(Trial)) = CorrectRsp(TrialTypes(Trial))+1
   End If
   RepeatTrial = 0
   Arrange_Trials()
End Sub
------------------------------------------------------------------
Private Sub Incorrect()
   If Condition <= 1 Then
      Label1.Text = "WRONG"
      Label1.Visible = True
      Console.Beep(262, 100)
   Else
      RepeatTrial = 0
      Arrange_Trials()
   End If
   RepeatTrial = RepeatTrial + 1
End Sub
```

まず Correct（ ），Incorrect（ ）ともに，If Condition <= 1 Then を加えることで，訓練（Condition = 1）のときにのみ，文字刺激（"CORRECT"，"WRONG"）と音刺激（高低のビープ音）を呈示し，Correct（ ）ではポイントの加算を行います。つまりテスト（Condition = 2，または 3）のときにはそれらの処理が行われないようにします。また Incorrect（ ）では，Else の下に RepeatTrial = 0，Arrange_Trials（ ）の 2 行が追加されていますが，これによって訓練ではない（テスト）ならば，Correct（ ）と同様に新しい試行の準備が行われます。

以上の変更で，条件に従って呈示する試行タイプを調整し，テストではフィードバックが呈示されないようにするといった操作を行うことができるようになります。

3.4 条件性弁別（3選択）

続いて，比較刺激の数を1つ追加した3選択の条件性弁別のプログラムについてですが，呈示する刺激が1つ増えますので，そのためのPictureBox3を追加します。このPictureBox3には，表示する刺激はもちろん異なりますが，PictureBox2と同様に誤答となる比較刺激を呈示します。選択された際にも同じ処理を行いますので，PictureBox3のMouseDownイベントには，PictureBox2のそれと同じコードを記述します。ただし，データの記録において選択された刺激を示す"2"の値を"3"に変更します。

```
Private Sub PictureBox3_MouseDown (ByVal...
    Latency = Microsoft.VisualBasic.Timer - STime
    TrialData (Trial) = TrialData (Trial) & CorrectionTrials & "," & "3" & "," & Latency & ";"
    Incorrect()
    Trial_End()
End Sub
```

続いて変更が必要なコードはPictureBox3の表示，消失に関するものです。表示については他の比較刺激（PictureBox1, 2）と同様に行いますので，SubプロシージャPresentStimuli（ ）に次の1行を追加します。

```
PictureBox3.Visible = True
```

PictureBox3の消失についても同様に，SubプロシージャTrialEnd（ ）に次の1行を加えます。

```
PictureBox3.Visible = False
```

呈示位置については，まずForm1_Load（ ）に，PictureBox1, 2と同じ形式でLocationに関するコードを追加します。

```
PictureBox3.Location = New Point((Me.Width - PictureBox3.Width) / 2, (Me.Height - PictureBox3.Height) / 2 + 100)
```

各試行ごとの呈示パターンについては，SubプロシージャArrange_Trial（ ）のSelect Case PositionTypes（NofTrial）～ End Select内の各CaseにPictureBox3に関するコード

を追加します。3つの刺激を横に並べて（左，中央，右）呈示する場合，そのパターンは6通りになりますので，これまで2刺激で空白だった場所に3つ目の刺激（PictureBox3）が呈示されるように以下のように変更します。

```
Select Case PositionTypes(Trial)
    Case 1
        PictureBox1.Left = (Me.Width - PictureBox1.Width)/ 2 - 200
        PictureBox2.Left = (Me.Width - PictureBox2.Width)/ 2
        PictureBox3.Left = (Me.Width - PictureBox2.Width)/ 2 + 200
    Case 2
        PictureBox1.Left = (Me.Width - PictureBox1.Width)/ 2 - 200
        PictureBox2.Left = (Me.Width - PictureBox2.Width)/ 2 + 200
        PictureBox3.Left = (Me.Width - PictureBox2.Width)/ 2
    Case 3
        PictureBox1.Left = (Me.Width - PictureBox1.Width)/ 2
        PictureBox2.Left = (Me.Width - PictureBox2.Width)/ 2 - 200
        PictureBox3.Left = (Me.Width - PictureBox2.Width)/ 2 + 200
    Case 4
        PictureBox1.Left = (Me.Width - PictureBox1.Width)/ 2
        PictureBox2.Left = (Me.Width - PictureBox2.Width)/ 2 + 200
        PictureBox3.Left = (Me.Width - PictureBox2.Width)/ 2 - 200
    Case 5
        PictureBox1.Left = (Me.Width - PictureBox1.Width)/ 2 + 200
        PictureBox2.Left = (Me.Width - PictureBox2.Width)/ 2 - 200
        PictureBox3.Left = (Me.Width - PictureBox2.Width)/ 2
    Case 6
        PictureBox1.Left = (Me.Width - PictureBox1.Width)/ 2 + 200
        PictureBox2.Left = (Me.Width - PictureBox2.Width)/ 2
        PictureBox3.Left = (Me.Width - PictureBox2.Width)/ 2 - 200
    End Select
End Sub
```

後は，呈示する試行タイプに従ってSubプロシージャArrange_Trials（）のSelect Case TrialType（NofTrial）～End Selectに，これまでと同じ形式でそれぞれのピクチャーボックスに刺激を指定すれば3選択の条件性弁別となります。

たとえば，見本刺激にS1，S2，S3，比較刺激にはS4，S5，S6を用いて，見本S1の時には比較S4（Case1），見本S2のときには比較S5（Case2），見本S3のときには比較S6（Case3）の選択を強化する場合には下記のコードになります。

```
Select Case TrialType(Trial)
    Case 1
        PictureBox1.Image = My.Resources.S4
        PictureBox2.Image = My.Resources.S5
        PictureBox3.Image = My.Resources.S6
```

```
            PictureBox4.Image = My.Resources.S1
        Case 2
            PictureBox1.Image = My.Resources.S5
            PictureBox2.Image = My.Resources.S6
            PictureBox3.Image = My.Resources.S4
            PictureBox4.Image = My.Resources.S2
        Case 3
            PictureBox1.Image = My.Resources.S6
            PictureBox2.Image = My.Resources.S4
            PictureBox3.Image = My.Resources.S5
            PictureBox4.Image = My.Resources.S3
    End Select
```

　また，これまでと同じように初期設定に用いる Button1_Click イベントで，呈示する試行タイプの数，上記の例では3を変数 NofType に代入します（NofType = 3）。

3.5　刺激等価性

　条件性弁別手続きを用いた研究パラダイムの一つに，刺激等価性（stimulus equivalence）があります。刺激等価性は，言語や概念など高次機能の基礎過程として捉えられています（山本，1992）。刺激等価性に関する実験では，一連の条件性弁別訓練に続いて，直接的に訓練されていない刺激間の"関係"がテストされます。実験では，物理的，機能的に関連性のない複数の刺激が用いられますが，これらはいくつかの刺激セット（A，B，Cなど）に分けられます。そして，刺激セットAから1つの刺激（たとえばA1）を見本刺激，刺激セットBから複数の刺激（B1，B2，B3）を比較刺激として，恣意的見本合わせ課題が行われます。見本刺激 A1 の場合は比較刺激 B1，A2 の場合は B2，A3 の場合は B3 の選択が強化されます。刺激セットBとCについても同様に条件性弁別訓練が行われます（B1C1，B2C2，B3C3）。

　AならばB，BならばCといった条件性弁別訓練（AB，BC）を行った場合に，次の関係の成立がテストされます。1) 反射律（reflexivity）：AならばAのように見本刺激と同一の比較刺激の関係（AA，BB，CC），2) 対称律（symmetry）：BならばAのように見本刺激と比較刺激が逆転した関係（BA，CB），3) 推移律（transitivity）：AならばCのように共通する刺激Bによりその出現が予測される関係（AC），4) 等価律（equivalence）：CならばAのように対称律と推移律を含む関係（CA）です。これらの派生的な関係がテストにおいて示された場合に，刺激等価性，そして等価クラスが成立したと言われます（Sidman & Tailby, 1982；Sidman et. al., 1989）。また，上記のように AB と BC を訓練する線形（linear）訓練だけでなく，AB と AC を訓練する一対多（one-to-many: OTM）あるいは見本ノード（sample as node）訓練，AB と CB を訓練する多対一（many-to-one: MTO）あるいは比較ノード（comparison as node）訓練があります。

　本プログラムでは，9つの刺激を用いて，条件性弁別 AB，BC を訓練し，各派生的関係についてテストを行います。これにより，3成員からなる3つの等価クラスの成立が予測さ

れます（A1B1C1；A2B2C2；A3B3C3，各刺激のアルファベットは同じセット，数字は同じクラスであることを示します）。訓練として，A1B1, A2B2, A3B3 を呈示する AB 訓練，B1C1, B2C2, B3C3 を呈示する BC 訓練，そして AB, BC 計6つの試行タイプを1セッションで呈示する AB・BC 訓練を行います。テストには，排他律のプログラムと同様に，テスト試行のみで1セッションを構成するテスト I，テスト試行と訓練試行の両方を呈示するテスト II を設けます。訓練，テストを通して呈示する試行のタイプは全部で27種類になります（表3-2）。

まずは，各刺激ファイルを変数に置き換えるために，次のものをグローバル変数として Object 型で宣言します。

```
Dim A(3), B(3), C(3)As Object
```

条件の設定と刺激の割り当てについては，これまでと同様，Button1_Click イベントで行います。

```
Private Sub Button1_Click(ByVal...
    DataFile = TextBox1.Text
    SelectCase Condition
        Case 1 : NofType = 3 : TrialAdjust = 0
        Case 2 : NofType = 3 : TrialAdjust = 3
        Case 3 : NofType = 6 : TrialAdjust = 0
        Case 4 : NofType = 21 : TrialAdjust = 6
        Case 5 : NofType = 27 : TrialAdjust = 0
    End Select
    A(1)= My.Resources.S1:A(2)= My.Resources.S2:A(3)= My.Resources.S3
    B(1)= My.Resources.S4:B(2)= My.Resources.S5:B(3)= My.Resources.S6
    C(1)= My.Resources.S7:C(2)= My.Resources.S8:C(3)= My.Resources.S9
    KeyPreview = True
    Label2.Visible = True
    GroupBox1.Visible = False
    Label1.Text = "READY"
    Label1.Visible = True
    KeyPreview = True
End Sub
```

上記 SelectCase Condition 〜 End Select 内の Case 1 が AB 訓練，2 が BC 訓練，3 が AB・BC 訓練，4 がテスト I，5 がテスト II に対応します（初期設定ではそれぞれの値を TextBox3 に入力します）。各 Case において，NofType, TrialAdjust に値を代入し，呈示する試行タイプの種類を設定します。AB 訓練（Case 1）では表3-2の試行タイプ1〜3（A1B1, A2B2, A3B3），BC 訓練（Case 2）では4〜6（B1C1, B2C2, B3C3），AB・BC 訓練（Case 3）では1〜6，テスト I（Case 4）では7〜27，テスト II（Case 5）では1〜

27が呈示されるようにします。同じように，たとえば反射律のみをテストする場合には，NofType = 9，TrialAdjust = 6にすることで試行タイプの7〜15だけが呈示されます。また，各刺激ファイルは，1，2，3をインデックスとした変数A（ ），B（ ），C（ ）にそれぞれ割り当てます。

続いて，フィードバックに関するCorrect（ ），Incorrect（ ）を変更します。上述の排他律では，テストI，IIがConditionの2と3にそれぞれ対応していました。今回の刺激等価性では，Conditionの4と5がテストですので，フィードバックの有無を判定するIf文を変更する必要があります。Correct（ ），Incorrect（ ）それぞれのIf Condition <= 1 thenの1文を次のように変更します。訓練（Conditionが1，2，3）ではフィードバックが呈示され，テスト（Conditionが4，5）では呈示されないようにします。

```
If Condition <= 3 then
```

最後に変更するコードは，Arrange_Trials（ ）です。これまでと同様に，それぞれの試行タイプに応じた刺激を各ピクチャーボックスに指定しますが，今回の刺激等価性のプログラムでは，訓練試行，テスト試行を併せて1セッションで最大27の試行タイプを呈示します。これまでと同じように，各試行タイプに対応する27個のCaseを設けて制御しても構いませんが，少し工夫をすることでより簡潔にコードを記述することができます。

■ コードを簡略化する

3成員（A，B，C）の等価クラスについて検討する場合，訓練，テストを通して呈示される見本と比較の刺激セットの組合せは9通りになります（表3-2, Relation）。27の試行タイプはこの9つの関係に分けられますが，見本刺激にどのセットを用いるかにより，見本A（AB，AA，AC），見本B（BC，BB，BA），見本C（CC，CB，CA）の3つ，同様に比

表3-2 試行タイプ

Relation	Class		
	1	2	3
Training			
1 AB	A1B1　(1)	A2B2　(2)	A3B3　(3)
2 BC	B1C1　(4)	B2C2　(5)	B3C3　(6)
Ref;exivity			
3 AA	A1A1　(7)	A2A2　(8)	A3A3　(9)
4 BB	B1B1　(10)	B2B2　(11)	B3B3　(12)
5 CC	C1C1　(13)	C2C2　(14)	C3C3　(15)
Symmetry			
6 BA	B1A1　(16)	B2A2　(17)	B3A3　(18)
7 CB	C1B1　(19)	C2B2　(20)	C3B3　(21)
Transitivity			
8 AC	A1C1　(22)	A2C2　(23)	A3C3　(24)
Equivalence			
9 CA	C1A1　(25)	C2A2　(26)	C3A3　(27)

＊（ ）内の数字が試行タイプ（TrialType（ ））の値を示します。

較刺激にどのセットを用いるかによっても，比較A（AA，BA，CA），比較B（AB，BB，CB），比較C（BC，CC，AC）の3つに分けられます。この9つの関係に従って，それぞれの試行で見本と比較に用いる刺激セットを指定します。

まず，下記のものをグローバル変数として宣言します。

```
Dim Relation, SClass, NegaS1, NegaS2 As Integer
```

Arrange_Trials（）は次のように変更します（呈示パターンに関するコードは前節と同じです）。

```
Private Sub Arrange_Trials()
    Trial = Trial + 1
    Relation = Int(TrialType(Trial)+ 2)/ 3)
    Class = (TrialTypes(Trial)+ 2)Mod 3 + 1
    NegaS1 = SClass Mod 3 + 1
    NegaS2 = NegaS1 Mod 3 + 1
    Select Case Relation
        Case 1, 3, 8
            PictureBox4.Image = A(SClass)
        Case 2, 4, 6
            PictureBox4.Image = B(SClass)
        Case 5, 7, 9
            PictureBox4.Image = C(SClass)
    End Select
    Select Case Relation
        Case 3, 6, 9
            PictureBox1.Image = A(SClass)
            PictureBox2.Image = A(NegaS1)
            PictureBox3.Image = A(NegaS2)
        Case 1, 4, 7
            PictureBox1.Image = B(SClass)
            PictureBox2.Image = B(NegaS1)
            PictureBox3.Image = B(NegaS2)
        Case 2, 5, 8
            PictureBox1.Image = C(SClass)
            PictureBox2.Image = C(NegaS1)
            PictureBox3.Image = C(NegaS2)
End Select
```

上記のコードには，2つのSelect Case Relation 〜 End Selectがありますが，1つ目（上のパート）で，見本刺激として呈示する刺激をPictureBox4に指定し，2つ目（下のパート）で，比較刺激として呈示する刺激をPictureBox1，2，3にそれぞれ指定します。Caseの判定は，Relationの値をもとになされていますが，個々の試行タイプに割り振った1か

ら27の値（TrialType（ ））をもとに関係を示す1から9の値（Relation）を Relation = Int（TrialType（Trial）+ 2）/ 3）により求めます。右辺は，Int（（試行タイプの値＋（クラスの数− 1））／クラスの数）に対応します。これにより，たとえば試行タイプが1ならば1, 2ならば1.33…, 3ならば1.66…となりますが，Int関数を用いることで整数値のみがRelationに代入されます。したがって，試行タイプ1, 2, 3の場合には，いずれもRelationの値は1になります。同様に，試行タイプ4, 5, 6の場合にはRelationの値は2といったように，それぞれの関係を示す1から9までの値がRelationには代入されます。Relationの値により，たとえばRelation=1ならば，PictureBox4にA（ ），PictureBox1, 2, 3にはB（ ）のように，見本刺激と比較刺激に用いる刺激セットがそれぞれ指定されます。

続いて，各ピクチャーボックスに各刺激セットのどの刺激を呈示するのかを指定する必要があります。各刺激ファイルはA（1），A（2），A（3）のようにそれぞれ変数に割り当てましたが，上記のコードではそれぞれのクラスを示す値（1, 2, 3）ではなく，変数SClass, NegaS1, NegaS2が，A（ ），B（ ），C（ ）のインデックスになっています。各試行タイプを示す1から27までの値をもとに，今度はそのクラスを示す1, 2, 3の値を，SClass =（TrialTypes（Trial）+ 2）Mod 3 + 1によって求めます。右辺は，（試行タイプの値＋（クラスの数− 1））Modクラスの数＋1に対応します。たとえば試行タイプ1の場合，Modは除算の余りを求めますので，1（試行タイプ）＋2（クラスの数− 1）を3（クラスの数）で割った余りの0に1を加え，SClassに1が代入されます。同様に試行タイプ4, 7の場合にもSClassには1が代入されます。見本刺激を表示するPictureBox4，正答となる比較刺激を表示するPictureBox1には，このClassをインデックスとした変数（A（SClass）など）が指定されます。誤答となる比較刺激を表示するPictureBox2と3には，それぞれNegaS1, NegaS2をインデックスとした変数（A（NegaS1）など）が指定されていますが，NegaS1, NegaS2についてもModを用いてそれぞれの値を求めます。NegaS1の値は，NegaS1 = SClass Mod 3 + 1により求めます。SClassの値に基づいてそれが1ならば2, 2ならば3, 3ならば1がNegaS1に代入されます。NegaS2についても同様に，NegaS1の値にもとづいて1, 2, 3いずれかの値が代入されます。これによって，たとえば試行タイプの1ならば，見本刺激のPictureBox4にA（1），比較刺激のPictureBox1, 2, 3にはそれぞれB（1），B（2），B（3）が指定されるようになります。また，上記のコードは，各試行タイプに割り当てる値を変更する，あるいは条件文を変更することで，他の訓練方法，一対多訓練や多対一訓練にも応用することができます。

このように，一定の規則に従って値を変換するといった処理を行ったり，少し工夫を加えたりすることで，より簡潔なコードを記述することが可能になります。

コラム3「数学の考え方を学ぶ」

プログラムを作成するときに数学の考え方が必要になることがあります。あるいはプログラミングするのが面倒な時（そのまま書くと数十行にもなってしまうような場合），数学の考え方を利用すれば簡単に書けてしまう場合もあります。

筆者はまだPC操作においてマウスを使うことが一般的でなかった頃に，N88-BASICというプログラミング言語（Visual Basicとは似ている部分もありますが，まったく異なる言語です）を使っ

て見本合わせ課題（第3章参照）の実験プログラムを作成したことがあります（東野, 1993）。見本刺激と比較刺激として円を呈示し，実験参加者には反応として，その円をクリックすることを要求しました。Visual Basic ならば簡単にプログラムすることができますが，N88-BASIC ではちょっと面倒でした。円を描くのは簡単にできました。マウスのボタンをクリックすると，クリックした場所を x 座標，y 座標の値として取得することができました。しかし円の上を（＝内部を）クリックしたかどうかの判別が今のようにはいきませんでした。そこで使ったのは，数学で習った円を示す方程式 $(x-a)^2 + (y-b)^2 = r^2$ の式でした。a, b は円の中心を示す座標を，r は円の半径を表します。クリックしたときの座標 x, y を上の式に代入し，左辺の値 $(x-x_0)^2 + (y-y_0)^2$ が右辺の値 r^2 以下であれば，円の上（内部）でクリックされたと判断することができます。このようにしてプログラムを作成しました。

　また最近，行動変動性に関する実験のプログラムの作成を手助けしました（大屋・中鹿・武藤, 2011）。行動変動性実験の概略は次の通りです。たとえばマウスのボタン押しを反応として利用する場合を考えます。マウスのボタンは左と右にあります。ボタンを実験参加者にランダムに押してもらいます。その際，4回押すことを1系列＝1反応とみなします。左左左左という系列や，左右左右といった系列を1反応と考えます。全部で何パターンの反応があるかというと，ボタン押しの1回目には左 or 右の2パターン，2回目にも左 or 右の2パターン，となりますから $2 \times 2 \times 2 \times 2 = 2^4 = 16$ パターンあることがわかります。この16パターンの反応のそれぞれのパターンの出現回数をカウントします。そして直前の x 反応（条件によって変化します）中，いま出現した反応パターンの出現率が y%未満なら強化，y%以上なら強化なしというように随伴性を設定します。つまり同じような反応パターンが続くことは強化せず，今まであまり出現していない反応パターンの自発を強化する随伴性です。プログラミングで必要となるのは，各反応パターンの出現回数をカウントする方法です。全部で16パターンありますから各パターンに異なる変数を割り当ててカウントすることが考えられます。あるときに出現したパターンが左左左左ならそれに対応する変数をカウントアップ，次のパターンが右左右左ならそれに対応する変数をカウントアップするというように行います。基本的にはこれでいいのですが，いま出現した反応がどのパターンなのかを調べるのが少し面倒です。ありうる反応のパターンが2つなら IF で済みます（2つに場合分けをする）。3パターンでも IF を組み合わせれば簡単です。もう少し多くても条件分岐の他の方法（第3章 p.79 参照）で対応できます。しかし16パターンではちょっと大変です（実はプログラムを作り始めたころは32パターンを想定していました）。

　左や右という値は使いにくいので，まず左を0に，右を1に対応させました。左左左左という反応は0000となります。右左右左なら1010です。こうすると0と1の組み合わせで，つまり0000から1111までの数値ですべてのパターンを表現できます。この系列でピンとくる人もいるでしょう。これらの数値は2進数と見なせそうです。ただ私たちが数値を扱う際には2進数は扱いにくいのでいったん，10進数に置き換えます。たとえば，右左右左は2進数で1010，これを10進数にすると $2^3 \times 1 + 2^2 \times 0 + 2^{1*} \times 1 + 2^0 \times 0 = 10$ となります。左左左左は2進数で0000，10進数でも0です。右右右右は2進数で1111，10進数では15となります。すべてのパターンを0から15までの10進数の数値で扱えるようになりました。

　このように10進数に置き換えた数値を，各反応パターンをカウントする配列変数の添え字として利用しました。たとえば反応パターンをカウントする配列変数を

　Dim Pattern（15）As Integer

として宣言します。そして反応があると，いったんマウスの左右左右という反応を0101に，さらに10進数の5に変換します。実際にはこの5という数値は，一時的な変数（たとえば temp）

に代入しておき，

　Pattern（temp）= Patern（temp）+ 1

とすることで，左右左右という反応パターンの出現回数をカウントアップすることができます。前後は省略していますが，上に書いた1行で反応パターンのカウントをすることが可能となります。

　こうしたやり方は数学の考え方のちょっとした応用です。プログラミングに興味のある人は，ぜひ数学の考え方を日ごろから学んでください。筆者のお勧めは

　結城　浩（2005）．プログラマの数学　ソフトバンククリエイティブ

です。2進数の話もでてきますし，p.16で扱った「余りに注目することで場合分けができる」ことなど，プログラムをするうえで必要な数学の考え方が紹介されています。

文献

東野宏美　（1993）．刺激等価クラスと機能的等価クラスの関係について　立命館大学文学部卒業論文（未公刊）

大屋藍子・中鹿直樹・武藤　崇　（2011）．行動変容性に及ぼす間接的なルールの影響　日本行動分析学会第29回年次大会発表論文集．

（中鹿直樹）

引用文献

Green, G., & Saunders, R. R. （1998）. Stimulus equivalence. In K. A. Lattal & M. Perone(Eds.), *Handbook of research methods in human operant behavior* (pp.229-262). New York and London: Plenum Press.

Lionello-DeNolf, K. M., & Urcuioli, P. J. （2003）. A procedure for generating differential "sample"responding without different exteroceptive stimuli. *Journal of the Experimental Analysis of Behavior*, **79**, 21-35.

Mackay, H. A. （1991）. Conditional stimulus contorol. In I. H. Iversen & K. A. Lattal(Eds.), *Experimental analysis of behavior* : Part 1(pp. 301-350). Amsterdam: Elsevier.

McIlvane, W. J., Kledaras, J. B., Munson, L. C., King, K. A. J., de Rose, J. C., & Stoddard, L. T. （1987）. Controlling relations in conditional discrimination and matching by exclusion. *Journal of the Experimental Analysis of Behavior*, **48**, 187-208.

中島定彦　（1995）．見本合わせ手続きとその変法　行動分析学研究, **8**, 160-176.

Saunders, K. J., & Williams, D. C. （1998）. Stimulus control. In K. A. Lattal & M. Perone(Eds.), *Handbook of research methods in human operant behavior* (pp.193-228). New York and London: Plenum Press.

Sidman, M., & Tailby, W. 1982. Conditional discrimination vs. matching to sample: An expansion of the tasting paradigm. *Journal of the Experimental Analysis of Behavior*, **37**, 5-22.

Sidman, M., Wynne, C. K., Maguire, R. W., & Barnes, T. （1989）. Fuctional classes and equivalence relations. *Journal of the Experimental Analysis of Behavior*, **52**, 261-274.

Tomonaga, M. （1993）. Tests for control by exclusion and negative stimulus relations of arbitrary matching to sample in a "symmetry-emergent" chimpanzee. *Journal of the Experimental Analysis of Behavior*, **59**, 215-229.

山本淳一　（1992）．刺激等価性―言語機能・認知機能の行動分析―　行動分析学研究, **7**, 1-39.

山本淳一　（2001）．言語の獲得と拡張：条件性弁別と刺激等価性　日本行動分析学会［編］　浅野俊夫・山本淳一［責任編集］　ことばと行動　ブレーン出版　pp.49-74.

4章 選択行動

　この章では，選択行動研究で用いられる実験手続きのいくつかについて，これらを実現するためのプログラムを紹介します[1]。4.1 では，対応法則（matching law）に関する研究で使用される並立（concurrent）スケジュールのプログラムを，4.2 では，セルフ・コントロール（self-control）選択研究で使用される並立連鎖（concurrent-chains）スケジュールのプログラムを，4.3 では，行動経済学的研究の中から価値割引（discounting）という研究テーマを取り上げ，そこで使用される主観的等価点の測定を実現するためのプログラムを紹介します。なお，これから紹介するすべてのプログラムでは，パソコンの画面上に表示される選択肢（ラベルで表現します）を，ユーザがマウスでクリックして選択すると，選択反応として記録されるようになっています。また，プログラムの具体的な説明に先立って，各手続きの簡単な説明を行います。

4.1　並立スケジュール

　オペラント条件づけを用いた選択行動研究で見出された法則の1つに対応法則があります。これは，2つの選択肢（反応キーや押しボタン）への行動配分の相対値が，各選択肢における強化頻度の相対値と対応するという法則（Herrnstein, 1961）です。たとえば，右ボタンと左ボタンへの選択反応から得られた強化頻度の比が 2 : 1 であるとき，対応法則は，これらの選択肢への反応数や滞在時間の比も 2 : 1 になることを予測します。対応法則の成立を検討するための強化スケジュールとして，並立スケジュールが使用されてきました（Baum & Rachlin, 1969；Buskist & Miller, 1981；Herrnstein, 1961）。並立スケジュールは，2つ以上の操作体のそれぞれに対して，個別の強化スケジュールが作動している強化スケジュールのことです。ここでは，対応法則の検証に用いられてきた，並立 VI VI スケジュールのプログラムについて解説します。

　本章で紹介する並立 VI VI スケジュールを用いた選択手続きの模式図を図 4-1 に示します。まず画面上に，左右の位置関係で2つの選択肢が呈示されます。この2つの選択肢のそれぞれに対して，VI スケジュールが作動します。各 VI スケジュールは，強化可能な状態になれば，そこでタイマーがストップし，反応待ち状態になります。ユーザが一方の選択肢を選んだときに強化可能な状態になっていれば，選択肢が消失して強化（得点の増加）が生じますが，そうでなければ，変化は起こりません（COD については後述します）。累積得点

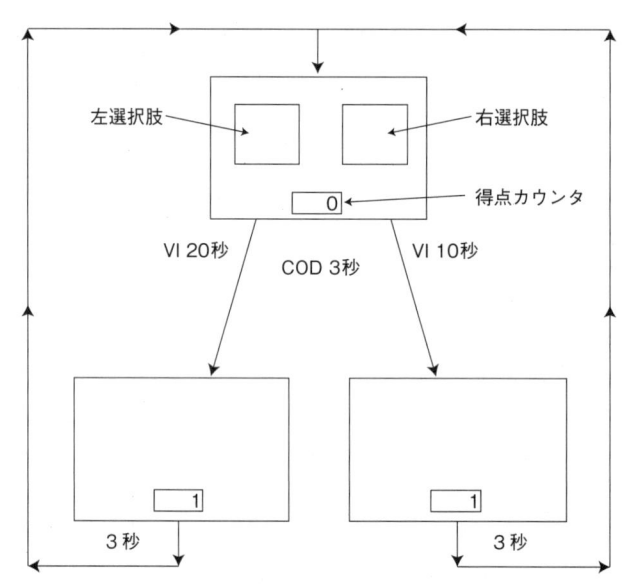

図 4-1　このプログラムで実現する並立スケジュールの模式図

は，画面下部に常に表示されます。選択肢が表示されてから強化までを1サイクルとし，所定のサイクル数が実行されれば，実験セッションは終了します。

　このスケジュールについて，さらに2つの点（VI系列の作成とCODの実現）について説明します。VI系列（強化間間隔の系列）を作成する方法はいくつかありますが，ここでは，フレッシュラーとホフマン（Fleshler & Hoffman, 1962）の方法を用います。詳しい説明は省略しますが，この方法を用いると，VIスケジュールが作動しているどの時点であっても，反応の強化される確率が等しくなるようなVI系列を作成できます。フレッシュラーとホフマン（1962）は，VI値とVI系列を構成する要素（強化間間隔）の数を指定すれば，VI系列が得られる数式を紹介しています。たとえば，VI 1秒で要素の数が20個の場合，値の小さい順に並べると，以下のような系列となります（単位は秒）。0.025, 0.078, 0.134, 0.193, 0.255, 0.322, 0.393, 0.470, 0.554, 0.645, 0.745, 0.856, 0.982, 1.125, 1.292, 1.494, 1.746, 2.086, 2.609, 3.996。使用する際には，これらの要素の順序を無作為にします。VI n秒の場合，各要素をn倍してVI系列を得ます。これらの系列を得るためのBASICのプログラムリストは，ラッタル（Lattal, 1991）に紹介されています[2]。

　次に，CODについて説明します。並立VI VIスケジュールを使用する際に問題となるのは，交替反応が強化されやすくなることで，それにより選好が無差別（indifference）へと移行する点です。この問題を解決するために，切り替え反応後の強化遅延（changeover delay: COD）が用いられます。たとえば，CODが3秒の場合，選択を右から左へと切り替えた場合，左選択肢が強化可能な状態になっていてもすぐに強化は起こらず，3秒以上経過した後に再び左選択肢に反応すると強化が起こります。ここで紹介するプログラムでは，CODの手続きを取り入れています。それでは，プログラムの具体的な説明に入ります。

　本章で紹介するプログラムは，すべて，"条件入力フォーム"と"実験画面フォーム"の2つのフォームからなっています。まず，これら2つのフォームを準備します。Visual Basicを起動後，"新しいプロジェクト"を選択すると，プロジェクトの種類を選択するウィンドウが現れますので，候補から，"Windows フォーム アプリケーション"を選択し

ます．このとき，下部に表示される"名前（N）"欄に指定した名前がソリューション名になります．ここでは，"Conc"とします．"OK"をクリックすると，Form1 が表示されます．ここでは，このフォームを実験画面フォームとします．このとき，ソリューションエクスプローラーには，このソリューションである"Conc"と，その下に，"My Project"と"Form1.vb"が表示されます．この Form1.vb というフォームのプロジェクトファイル名を，"Conc.vb"に変更しておきます．ソリューションエクスプローラー内の"Form1.vb"をクリックすると，プロパティウィンドウに，"Form1.vb ファイルのプロパティ"が表示されます．その中の"ファイル名"という項目に示されている"Form1.vb"を"Conc.vb"に変更することで，プロジェクトファイル名を変更できます．

次に，フォームをもう1つ追加して，条件入力フォームとします．画面上部に並んでいるプルダウンメニューの"プロジェクト"から，"Windows フォームの追加"を選択すると，フォームの種類を指定するウィンドウが現れますので，"Windows フォーム"を選択します．"名前（N）"欄には，"Form2.vb"と表示されていますが，これを，条件入力フォームのプロジェクトファイル名である"ParameterSettings.vb"に変えて，"追加"をクリックすると，この名前で2つ目のフォームが追加されます．ソリューションエクスプローラーに表示されるプロジェクトファイル名を確認してください．

最後に，ソリューションエクスプローラーの"My Project"をダブルクリックすると，このソリューションの内容が表示されます．"スタートアップフォーム"欄に"Conc"（実験画面フォームの名称）が表示されていることを確認してください．もし別のフォームが指定されていれば，実験画面フォームの名称を選択してください．その後，ソリューションエクスプローラー内のプロジェクトファイル（Conc.vb や ParameterSettings.vb）をダブルクリックすると，フォームが表示されます．このプログラムでは，まず実験画面フォームが起動し，その上で条件入力フォームが起動します．条件入力終了後，条件入力フォームが終了し，実験画面フォームに戻り，実験が開始するという順序で進行します．

これで2つのフォームがそろいましたので，条件入力画面，実験画面の順番にプログラムの作成を行います．プログラム作成は，各フォームについて，コントロールの配置，プロパティの操作，コードの記述の順に進めていきます．まず，条件入力フォームを表示します．ソリューションエクスプローラー内の"ParameterSettings.vb"をダブルクリックして，フォームを表示させてください．まず，コントロールの配置ですが，入力すべき変数の名称をラベルで表し，変数の入力をテキストボックスで行い，入力後のフォームを閉じる動作をボタンで行います．フォーム上にこれらのコントロールを配置した様子を，図4-2に示します．

条件入力時には，上から順番に入力を行います．このとき，キーボードの Tab キーを押すことで，次のテキストボックスにカーソルを移動させるように設定できます．Tab キーを押したときにカーソル（テキストボックス以外のコントロールも含めてフォーカスと言います）を別のコントロールに移動させる順序をタブオーダーと言います．タブオーダーは，プルダウンメニューの"表示"から"タブオーダー"を選択することで指定できます．これを選択すると，フォーム上に配置されているコントロール上に，フォーカスが移る順番を表す数字が表示されます．Tab キーを押したときにフォーカスを移動させたい順番と同じ順序でコントロールをクリックしていくと，タブオーダーを設定できます．

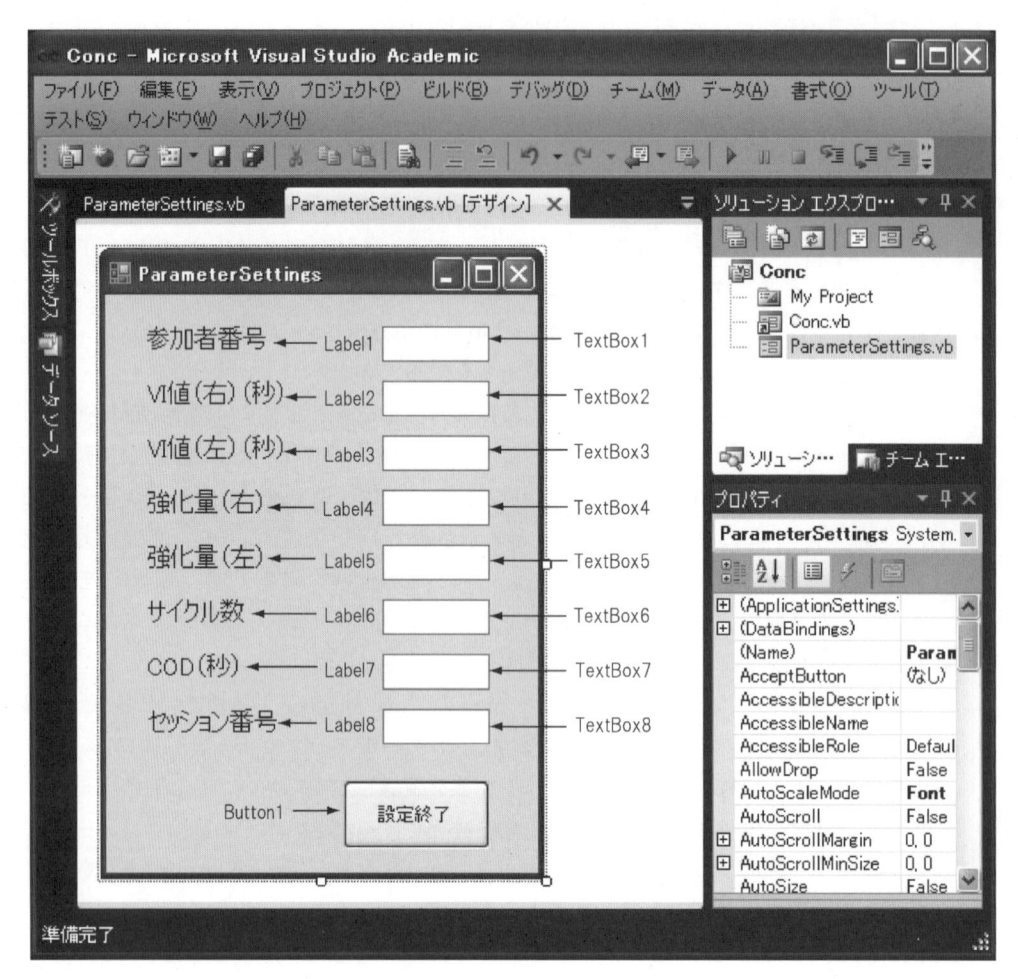

図4-2 並立スケジュールの条件入力フォーム（コントロール名と矢印は付加しました）

次に，条件入力フォームのコードを記述します。フォームをクリックすると，最初に処理が行われる ParameterSettings_Load のコードを記述するウィンドウが開きます。ここには，以下のコードを記述します。

コード 1

```
Private Sub ParameterSettings_Load(ByVal ...
    Me.Left = Conc.Width / 2 - Me.Width / 2
End Sub
```

このコードは，このフォームの画面上での表示位置（左右）を真中に設定しています。Me.Left は，このフォームの表示位置（画面左端からの距離）を表しています。Conc.Width は，実験画面フォーム（Conc）の横幅（後で説明しますが，実験画面では画面全体にフォームを広げて表示しますので，Conc.Width は画面の横幅と同じ長さになります），Me.Width は，今作成している条件入力フォームの横幅を表しています。

次に，"設定終了"のボタンをクリックしたときの処理について説明します。ボタンをクリックすると，Button1_Click のコードを記述するウィンドウが開きますので，以下のよう

に記述します。

コード 2

```
Private Sub Button1_Click(ByVal ...
    Conc.Sno = TextBox1.Text
    Conc.Vi_ValueR = TextBox2.Text
    Conc.Vi_ValueL = TextBox3.Text
    Conc.NrefR = TextBox4.Text
    Conc.NrefL = TextBox5.Text
    Conc.NCycle = TextBox6.Text
    Conc.Cod = TextBox7.Text
    Conc.SessionNum = TextBox8.Text
    Me.Close()
End Sub
```

　ここでは，各テキストボックスに入力された内容を，各変数に格納し，最後にこのフォームを閉じています。たとえば，Conc.Sno = TextBox1.Text は，TextBox1 に入力された内容（参加者番号）を，Conc 内で定義された変数 Sno に格納することを示しています。このように，フォーム間で変数のやりとりを行う場合は，変数名の前にフォームの名前とドットを付加する必要があります。また，後述しますが，変数を定義するときに，他のフォームでも参照できるよう Public で宣言する必要があります。条件入力の最後の項目であるセッション番号（SessionNum）は，各参加者について，このプログラムでの実験参加が何セッション目であるかを表します。実験結果を保存するファイル名には参加者番号を用いますが，同じ参加者が複数の実験セッションを経験したときに，実験結果を保存するファイル名が重複しますので，セッション番号をファイル名の一部とすることによりこの問題を回避します。条件入力フォームのコードの記述は以上です。

　次に，実験画面フォームの作成に進みます。フォームが表示される領域の左上のタグ（Conc.vb［デザイン］）を選択すると，実験画面フォームが現れます。このフォームでは，右選択肢（Label1），左選択肢（Label2），得点カウンタ（Label3），強化時の時間測定（Timer1）のコントロールを用います。これらを配置した様子を，図 4-3 に示します。

　プロパティの操作については，プロパティウィンドウの内容を変更することで，フォームやラベルのサイズと色，表示内容，フォントサイズ等を変更します。詳しい説明は省略しますが，このプログラムでは，フォームの大きさは WindowState プロパティを Maximized に設定し，全画面表示にしています。

　次にコードの記述に進みます。まず，本プログラムで使用する変数と定数をコード 3 に示します。これらは，グローバル変数として定義します（定義する場所については，第 1 章を参照）。空白行を入れて大きく 3 つのグループに分けました。最初のグループは，VI 値やサイクル数など，条件入力フォームで値が確定される変数です。別のフォームで変数の値を参照する必要がある場合には，このように Public で宣言する必要があります。1 行目で定義している Sno は，参加者番号ですが，結果を保存するプログラムの名前に参加者番号を利用するため，数値としてではなく文字列（String）として定義します。

110　4章　選択行動

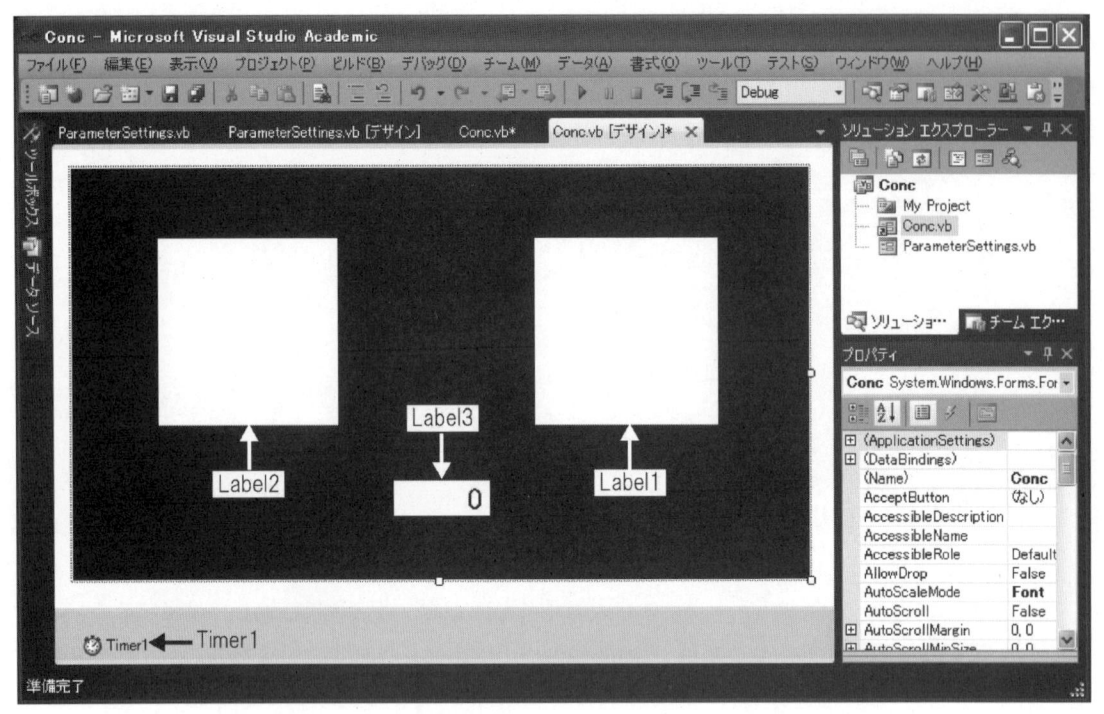

図4-3　並立スケジュールの実験画面フォーム（コントロール名と矢印は付加しました）

2番目のグループは，VI系列を除き，実験参加者の反応に関するデータが格納される変数です。従属変数に関する配列の大きさは，サイクル数よりも大きい値に設定してあれば正常に作動します。

3番目のグループは，現在のサイクル数やCODが開始した時間など，種々のデータを一時的に格納するための変数です。

コード3

```
Public Sno As String                                    '参加者番号
Public Vi_ValueR As Single                              '右選択肢のVI値（秒）
Public Vi_ValueL As Single                              '左選択肢のVI値（秒）
Public NrefR As Single                                  '1強化あたりの強化量（右）
Public NrefL As Single                                  '1強化あたりの強化量（左）
Public NCycle As Integer                                'サイクル数
Public Cod As Single                                    '反応切り替わり後の強化遅延（秒）
Public SessionNum As Integer                            'セッション番号

Dim ViR(0 To 20), ViL(0 To 20) As Single                '左右の選択肢のVI系列
Dim ResR(0 To 100), ResL(0 To 100) As Integer           '左右の選択肢への反応数
Dim StayR(0 To 100), StayL(0 To 100) As Single          '左右の選択肢への滞在時間
Dim Duration(0 To 100) As Single                        '選択期の長さ
Dim Entry(0 To 100) As Integer                          '強化に至った選択肢（右:1，左:2）
Dim Ref(0 To 100) As Integer                            '呈示された強化量
Dim CumRefR, CumRefL As Integer                         '左右の選択肢での累積強化量
```

```
Dim Cycle As Integer                              '現在のサイクル数
Dim SessionStartTime As Single                    '実験セッション開始時間
Dim CurrentTime As Single                         '現在の時間
Dim StayRStartTime, StayLStartTime As Single      '左右の選択肢への滞在開始時間
Dim AdjustmentR, AdjustmentL As Single            '強化間間隔計算のための調整変数
Dim StartTime1, StartTime2 As Single              'サイクル開始時間と強化期開始時間
Dim CodStartTime As Single                        'COD 開始時間
Dim StartF, AddF, PrepareF, CodF As Boolean       '各状況の変化を表す変数（フラグ）
Dim Stay As Integer                               '現在滞在している選択肢（右：1，左：2）
Dim aR, aL As Integer                             'VI 系列中の現在の要素番号
```

それでは，これらの変数を使ってコードの記述を行います。まず，プログラム実行後，最初に処理される，Form1_Load 内に，コード 4 で示したコードを記述してください。

まず，KeyPreview = True は，キーボード上のキーの押し下げを入力として受けつけるようにするための記述です。このプログラムでは，実験開始や強制終了の際に，キーボード上のキーを押して処理を行いますので，そのための記述です。次に，ViR（ ）と ViL（ ）の配列がそれぞれ 20 個記述されていますが，フレッシュラーとホフマン（Fleshler & Hoffman, 1962）の方法で求めた VI 系列の要素を，無作為な順序に並べ替えて配置しました。このプログラムでは，配列の数字の順に VI 系列が進行していきますが，配列の何番目から始まるかは無作為にします。右と左の各 VI 系列の開始番号は，Randomize（ ）以下の 3 行で決定し，それぞれ，aR と aL に格納されます。

その次の 6 行では，選択肢である Label1，Label2，及び，得点カウンタである Label3 のフォーム上での位置を決めています。これは，画面左上端を（0, 0）とした座標（Left, Top）で表されます。Me.Height と Me.Width はフォームの高さと幅を表しています。また，Label1.Height と Label1.Width は，Label1 の高さと幅を表しています。他のラベルについても同様です。本プログラムでは，選択肢の縦方向の位置は，画面の上端から画面の高さの 2/5 の位置に選択肢の中心が来るように，また，選択肢の横方向の位置は，それぞれ，画面の両端から画面の幅の 1/4 の位置に選択肢の中心が来るように配置しました。得点カウンタについては，縦方向の位置は，画面の下端から，画面の高さの 1/5 の位置にカウンタの上端が来るように，横方向の位置は，画面の中央にカウンタの中心が来るように配置しました。ディスプレイによって画面の高さや幅（Me.Height, Me.Width）は異なりますので，これらのコントロールの位置は，必要に応じて調整します。

コード 4

```
Private Sub Form1_Load (ByVal    As...
    KeyPreview=True
    ViR(1)=0.134:ViR(2)=0.745:ViR(3)=0.645:ViR(4)=1.292:ViR(5)=0.078:
    ViR(6)=0.255:
    ViR(7)=1.494:ViR(8)=0.393:ViR(9)=3.996:ViR(10)=0.47
    ViR(11)=0.193:ViR(12)=2.609:ViR(13)=0.322:ViR(14)=0.982:
    ViR(15)=0.025:ViR(16)=1.746:
```

```
        ViR(17)=1.125:ViR(18)=0.856:ViR(19)=2.086:ViR(20)=0.554

        ViL(1)=3.996:ViL(2)=0.554:ViL(3)=2.609:ViL(4)=0.982:ViL(5)=0.025:
        ViL(6)=0.255:
        ViL(7)=1.292:ViL(8)=2.086:ViL(9)=0.393:ViL(10)=0.745
        ViL(11)=0.193:ViL(12)=0.134:ViL(13)=0.856:ViL(14)=1.746:
        ViL(15)=0.47:ViL(16)=1.125 :
        ViL(17)=0.078:ViL(18)=0.322:ViL(19)=1.494:ViL(20)=0.645

        Randomize()
        aR=Int(Rnd()*20) + 1
        aL=Int(Rnd()*20) + 1
        Label1.Top=2/5*Me.Height - Label1.Height/2
        Label1.Left=3/4*Me.Width - Label1.Width/2
        Label2.Top=Label1.Top
        Label2.Left=1/4*Me.Width - Label2.Width/2
        Label3.Top=4/5*Me.Height
        Label3.Left=1/2*Me.Width - Label3.Width/2
        Timer1.Enabled=False
        Timer1.Interval=50
        Label1.Visible=False
        Label2.Visible=False
        Label3.Visible=False
        AddF=False:PrepareF=False: CodF=False
        Cycle=1:Stay=0
        ParameterSettings.ShowDialog()
End Sub
```

このプログラムでは，強化期（3秒）のコードを記述する部分でタイマーというコントロールを用います。Timer1 の Interval の値が50となっていますが，これは Microsoft.VisualBasic.Timer で計測された時間が3秒を超えているかどうかを50ミリ秒間隔でチェックするためです。詳しくは後述します。残りの部分では，ラベルが非表示に設定され，各変数の値が初期化されています。Cycle は現在のサイクル数（試行数）を示す変数なので，初期値は1です。変数の初期化が終わりましたので，ParameterSettings.ShowDialog( ) で処理を条件入力フォームに移行させています。条件入力が終了し，条件入力フォームが閉じられれば処理はここに戻ってきます。

次に，実験画面フォームに対して KeyPress イベントが生じた場合の処理として，コード5のように記述します。

コード5

```
Private Sub Conc_KeyPress (ByVal  As ...
    If e.KeyChar = "s" And StartF = False Then
        StartF = True
        Label1.Visible = True
```

```
            Label2.Visible = True
            Label3.Visible = True
            SessionStartTime = Microsoft.VisualBasic.Timer
            StartTime1 = SessionStartTime
        ElseIf e.KeyChar = "e" Then
            Me.Close( )
        End If
End Sub
```

このプログラムでは，キーボード上のsキーが押されると，選択肢（Label1とLabel2）と得点カウンタ（Label3）が画面上に呈示され，実験セッション開始時間（SessionStartTime）とサイクル開始時間（StartTime1）がMicrosoft.VisualBasic.Timerから取得されて実験が開始します。StartFの操作は，実験開始後，間違って再度sキーを押したときに，この部分の処理が実行されないようにするための工夫です。一方，プログラムの作動中にキーボードのeキーが押されると，このプログラムは終了します。次に，選択場面のコードを作成します。ただし，CODの実現については，後に記述します。以下のコード6を見てください。

コード6

```
Private Sub Label1_MouseDown(ByVal   ...
    ResR(Cycle)=ResR(Cycle)+1
    CurrentTime=Microsoft.VisualBasic.Timer
    If CurrentTime-StartTime1+AdjustmentR>=ViR(aR)*Vi_ValueR And
CodF=False Then
        Duration(Cycle)=CurrentTime-StartTime1
        Label1.Visible=False
        Label2.Visible=False
        Entry(Cycle)=1
        StayR(Cycle)=StayR(Cycle)+CurrentTime-StayRStartTime
        AddF=False:PrepareF=False
        StartTime2=CurrentTime
        Timer1.Enabled=True
    End If
End Sub
```

コード6は，右選択肢（Label1）に対して，選択反応（マウスによるボタンの押し下げ）が生じた場合の処理を示しています。まず，ResR（Cycle）には，現在のサイクルにおける右選択への反応数が1プラスされて格納されます。次に，CurrentTimeに現在の時間を格納します。さらに，現サイクルが開始してからの経過時間（CurrentTime − StartTime1）に調整時間（AdjustmentR）をプラスした時間が，VIスケジュールで指定された強化間間隔（ViR（aR）*Vi_ValueR）よりも大きく，CodF=Falseであれば，強化可能な状態になっていることを示すことになり，End Ifまでの部分に記述されたコードが実行されます。CodFは，Trueの場合にはCODが作動中であること，Falseの場合にはCODが作動して

いないことを示します。CodFの値の設定については後述します。

　AdjustmentRについて説明します。前サイクルにおいて，左選択肢で強化が起こった場合，現サイクルでは，前サイクルの経過時間の分だけ右選択肢で強化されやすくなりますが，AdjustmentRは，それを実現するための変数です。たとえば，1サイクル目が開始した時点で，右選択肢は5秒後以降に反応があれば強化され，左選択肢は2秒後以降に反応があれば強化されていたとします。そして，サイクル開始から3秒後に左選択肢に反応があり，強化に至ったとします。2サイクル目が開始した時点で，右選択肢では，既に前サイクルの3秒分，強化可能な時点に近づいていますので，2サイクル目が開始してから2秒後以降に反応があれば強化に至ります。この3秒を調整するための変数が，AdjustmentRです。

　IFからThenまでの条件が満たされると，Duration（Cycle）に現サイクルにおける選択期の時間間隔が格納され，選択肢が消失し，現サイクルにおいて強化される選択肢を1または2で示すEntry（Cycle）に1が格納されます。StayR（Cycle）には，このサイクルでの右選択肢への累積滞在時間，すなわち，現在の時間（CurrentTime）から，右選択肢への滞在が開始した時間（StayRStartTime）を引いた値が，StayR（Cycle）に加算されて格納されます。StayRStartTimeがどこで決定されるかについては後述します。

　End Ifの直前の3行は，強化期への移行のための準備です。AddFとPrepareFの内容がFalseに指定されている理由は後述します。StartTime2は，強化期の開始時間です。最後に，強化期のコードを記述したTimer1を作動させる命令を出しています。

　同様に，左選択肢（Label2）に対して選択反応があった場合の処理の流れをコード7に示します。変数名や変数の内容が左選択肢のものであることを除き，右選択肢の場合と同様です。

コード7

```
Private Sub Label2_MouseDown(ByVal   ...
    ResL(Cycle)=ResL(Cycle)+1
    CurrentTime=Microsoft.VisualBasic.Timer
    If CurrentTime-StartTime1+AdjustmentL>=ViL(aL)*Vi_ValueL And CodF=False Then
        Duration(Cycle)=CurrentTime-StartTime1
        Label1.Visible=False
        Label2.Visible=False
        Entry(Cycle)=2
        StayL(Cycle)=StayL(Cycle)+CurrentTime-StayLStartTime
        AddF=False:PrepareF=False
        StartTime2=CurrentTime
        Timer1.Enabled=True
    End If
End Sub
```

　上述した選択場面のコード（コード6とコード7）には，CODの処理を加える必要があります。CODは，前述のように，選択肢間で反応の切り替えが生じた際に，切り替わり先の選択肢が強化可能な状態であっても，一定の時間（ここでは3秒）が経過した後に，再

度切り替わり先の選択肢に反応がないと強化に至らないという手続きです。先に紹介しました，右選択肢（Label1）でMouseDownイベントが生じたときのコード（コード6）に，CODの処理に関するコードを付加します。3行目の，CurrentTime=Microsoft.VisualBasic.Timerと4行目の間に以下のコード8を挿入します。

コード8

```
Select Case Stay
    Case 0
        StayRStartTime = CurrentTime
        Stay = 1
    Case 1
        If CodF = True Then
            If CurrentTime - CodStartTime >= Cod Then
                CodF = False
            End If
        End If
    Case 2
        StayL(Cycle) = StayL(Cycle) + CurrentTime - StayLStartTime
        StayRStartTime = CurrentTime
        Stay = 1
        CodF = True
        CodStartTime = CurrentTime
End Select
```

　SelectからEnd Selectまでの形式で条件分岐を実現する方法をSelectステートメントといいます。ここでは，変数Stayの値（0, 1, 2）によって処理を分岐させています。Stayには，今どちらの選択肢に滞在しているかを示しており，右選択肢ならば1，左選択肢ならば2，どちらでもない（セッションが開始してまだどちらの選択肢にも反応していない）ならば0が格納されています。各選択肢への滞在時間は，その選択肢を選んでからもう一方の選択肢へと反応を切り替えるまでの時間間隔として定義されます。上記のコードは，右選択肢への選択反応があった場合の処理内容を示しているので，Stayの値が0の場合は，右選択肢への滞在時間が開始します（StayRStartTime = CurrentTime）。

　一方，Stayの値が1，すなわち，既に右選択肢に滞在している場合，CODが作動している（CodF = True）かどうか，CODが作動している場合，CODが作動を始めてから所定の時間（この場合は3秒）が経過しているかどうかがIfステートメントで確かめられています。もし，切り替え反応が生じてから3秒以上が経過しているのであれば，CodF = Falseとなり，CODの処理は中止されます。強化期に移行するには，CodF = Falseでなければなりません。

　Stayの値が2，すなわち，直前の反応が左選択肢への反応である場合，まず，左選択肢への滞在が中断しますので，このサイクルでの左選択肢への滞在時間を格納する変数，StayL（Cycle）の内容が更新されます。すなわち，StayL（Cycle）に，現在の時間から左選択肢への滞在が開始した時間を引いた値（CurrentTime − StayLStartTime）がプラスさ

れます．さらに，右選択肢への滞在が開始しますので，StayRStartTime に現在の時間が設定されます．また，COD が作動を始め（CodF=True），COD 開始時間（CodStartTime）に現在の時間が設定されます．

　左選択肢（Label2）に MouseDown というイベントが生じた場合の COD の処理についても同様に書き加えます．3 行目の，CurrentTime=Microsoft.VisualBasic.Timer と 4 行目の間に以下のコード 9 を挿入します．

コード 9

```
Select Case Stay
    Case 0
        StayLStartTime = CurrentTime
        Stay = 2
    Case 1
        StayR(Cycle) = StayR(Cycle) + CurrentTime - StayRStartTime
        StayLStartTime = CurrentTime
        Stay = 2
        CodF = True
        CodStartTime = CurrentTime
    Case 2
        If CodF = True Then
            If CurrentTime - CodStartTime >= Cod Then
                CodF = False
            End If
        End If
End Select
```

　右選択肢への反応があった場合とちょうど逆になりますので，説明は省略します．なお，COD のチェックを行っているコード 9 やコード 10 はサブルーチンとしてまとめることもできますが，ここでは処理の流れの順番に説明を進めることができるため，そのようにしませんでした．

　では，次に，強化期を記述したコードの説明をします．上述の，各選択肢（Label1 や Label2）に MouseDown というイベントが生じた場合のコードの最後の部分では，Timer1 を作動させていました．Timer1 では，得点の増加，強化期（このプログラムでは 3 秒）が経過したかどうかの判断，次のサイクルの準備を行います．Timer1 に Tick というイベントが生じた際の処理の内容を以下に示します．このイベントは，Form1_Load で指定した Interval 値（50 ミリ秒）ごとに生起します．ただし，一度に示すと整理がしにくくなりますので，得点を加算して表示する部分と，強化期が経過したかどうかを判断して次サイクルの準備を行う部分の 2 つに分けて説明します．

　まず，得点の加算と表示を行うためのコードをコード 10 に示します．コード 10 では，まず現在の時間を取得し，次に AddF の値をチェックします．AddF の値は，Label1_MouseDown や，Label2_MouseDown の最後で，False に指定されています．If ステートメントで条件が満たされると，AddF = True となっています．これは，各サイク

ルの強化期において，If から End If の内容が 1 回だけ実行されるための工夫です。この Timer1_Tick に書かれているコードは 50 ミリ秒ごとに実行しますので，このような工夫がなければ，1 回だけ実行すればよい処理を何度も実行してしまう危険性があるからです。

コード 10

```
Private Sub Timer1_Tick(ByVal ...
    CurrentTime = Microsoft.VisualBasic.Timer
    If AddF = False Then
        AddF = True
        If Entry(Cycle) = 1 Then
            Ref(Cycle) = NrefR
            CumRefR = CumRefR + NrefR
        Else
            Ref(Cycle) = NrefL
            CumRefL = CumRefL + NrefL
        End If
        Label3.Text = CumRefR + CumRefL
        Beep()
        Label3.BackColor = Color.Yellow
    End If
```

次の If ステートメントでは，どちらの選択肢から強化されるか（Entry（Cycle））に応じて，そのサイクルでの強化量（Ref（Cycle））が指定されます。このプログラムでは，どちらの選択肢においても強化量（NrefR, NrefL）は 1 に設定されているので，選択肢ごとに処理を分ける必要はありませんが，強化量が選択肢間で異なる場合にも対応できるようにしました。CumRefR と CumRefL には，右選択肢と左選択肢ごとの累積強化量が格納されます。これらを足し合わせた総累積強化量が，得点カウンタである Label3 に表示されます。得点の増加をわかりやすくするため，ビープ音を呈示し，カウンタの内部が黄色になるようにしました。

次に，強化期の 3 秒が経過した後に，次サイクルの準備へと移行するための処理内容を示します。コード 10 の後に，以下のコード 11 を加えてください。

まず最初の行で，強化期が開始してから 3 秒経過しているかどうかが If ステートメントで確かめられています。PrepareF の操作は，先ほどの AddF と同じ用法で，If から End If の内容が 1 回だけ実行されるためのものです。次に，別の If ステートメントで，Entry（Cycle）の内容を参照して，現サイクルでどちらの選択肢から強化期へとエントリーしたかに応じた処理を行っています。右選択肢からエントリーした場合（Entry（Cycle）= 1）の処理を見ていきます。aR = 1 −（aR < 20）* aR は，aR に 1 をプラスし，その結果が 20 よりも大きい場合には 1 にするという処理を行っています。ここで用いられている（　）は，（　）内の式が真であれば − 1，偽であれば 0 を返します。aR = 1 〜 19 の場合，aR < 20 は真なので，（　）内は − 1 となり，aR はプラス 1 されます。一方，aR = 20 の場合，aR < 20 は偽となり，（　）内は 0 になるので，aR は 1 になります。

その下の行では，AdjustmentL の値に，このサイクルでの選択期の長さである Duration

(Cycle) がプラスされています。これは，次サイクルでは，左選択肢において，現サイクルの選択期の長さの分だけ強化時点に近づくようにするためのものです。一方，AdjustmentR = 0 となっていますが，これは，このような調整を行わないことを示しています。

コード 11

```
    If CurrentTime-StartTime2 >= 3 And PrepareF=False Then
        PrepareF=True
        If Entry(Cycle)=1 Then
            aR=1-(aR < 20)*aR
            AdjustmentL=AdjustmentL+Duration(Cycle)
            AdjustmentR=0
            StayRStartTime=CurrentTime
        ElseIf Entry(Cycle)=2 Then
            aL=1-(aL < 20)*aL
            AdjustmentR=AdjustmentR+Duration(Cycle)
            AdjustmentL=0
            StayLStartTime=CurrentTime
        End If
        Cycle=Cycle+1
        If Cycle > NCycle Then
            Dim i As Integer            ' サイクル数を表す一時的な変数
            Dim CumResR as Integer      ' 右選択肢への累積反応数
            Dim CumResL as Integer      ' 左選択肢への累積反応数
            Dim CumStayR as Single      ' 右選択肢への累積滞在時間
            Dim CumStayL as Single      ' 左選択肢への累積滞在時間
            FileOpen(1, "d:\" & Sno & "-" SessionNum & ".txt", OpenMode.Output)
            For i=1 To Cycle-1
                CumResR=CumResR+ResR(i)
                CumResL=CumResL+ResL(i)
                CumStayR=CumStayR+StayR(i)
                CumStayL=CumStayL+StayL(i)
                WriteLine(1, i, ResR(i), ResL(i), Duration(i), StayR(i), StayL(i), Entry(i), Ref(i))
            Next
            WriteLine (1, "反応数（右，左）=", CumResR, CumResL)
            WriteLine (1, "滞在時間（秒）（右，左）", CumStayR, CumStayL)
            WriteLine (1, "強化数（右，左）", CumRefR, CumRefL)
            WriteLine (1, "セッション時間（秒）", CurrentTime-SessionStartTime)
            FileClose (1)
            Me.Close()
        End If
        Label1.Visible=True
        Label2.Visible=True
        StartTime1=CurrentTime
```

```
            Label3.BackColor=Color.White
            Timer1.Enabled=False
        End If
End Sub
```

　さらにその下の行では，右選択肢への滞在の開始時間に現在の時間を設定しています（StayRStartTime = CurrentTime）。これは，強化期を除いて右選択肢への滞在期間を継続して計測するための記述です。その下の数行は，左選択肢から強化期にエントリーした場合のコードですが，右選択肢の場合と同様の記述ですので，説明は省略します。

　次に，Cycle = Cycle + 1 により，サイクル数が1プラスされ，次サイクルに設定されます。次の行の If ステートメントでは，この値が Ncycle（このプログラムでは20）よりも大きい場合の処理を記述しています。まず，実験結果を保存するためのファイルを開きます。ファイル名は，条件入力画面で入力した参加者番号とセッション番号をハイフンでつないだ文字列が設定され，テキストファイルとして開かれ，保存先は d:¥ となります。従って，たとえば，参加者番号が1，セッション番号が2の場合，ファイル名は，"d:¥1-2.txt"となります。

　次に，For 〜 Next ステートメントを用いて対応法則の分析を行う際に必要となる累積反応数（CumResR, CumResL）と累積滞在時間（CumStayR, CumStayL）を計算し，各サイクルにおける，サイクル番号，右選択肢への反応数，左選択肢への反応数，選択期の長さ，右選択肢への滞在時間，左選択肢への滞在時間，強化にエントリーした選択肢，強化量がファイルに書き込まれます。さらに，各選択肢の累積反応数，累積滞在時間，強化数，セッション時間が書き込まれます。結果のファイルへの書き込みが終わると，ファイルが閉じられ，Me.Close（ ）により，フォームが閉じられ，このプログラムは終了します。なお，結果をファイルに保存する部分（If Cycle > NCycle Then の次の行から Me.Close（ ）まで）については，サブルーチンにするとコードが見やすくなります。

　End If 以降の残りの部分には，Cycle が Ncycle に満たない場合の処理が書かれています。この場合，左右の選択肢を表示し，StartTime1 に現在の時間を格納し，得点カウンタの色を白に戻し，現在処理が進んでいる Timer1 の処理を停止します。これで次サイクルが開始します。以上で，並立スケジュールを実現するためのプログラム作成の説明は終了です。

4.2　並立連鎖スケジュール

　選択行動研究のテーマの1つに，セルフ・コントロール（self-control）と衝動性（impulsiveness）があります（Ainslie, 1974；Logue, 1988；Rachlin & Green, 1972）。この研究分野では，"長い遅延の後に得られる大強化"と"短い遅延の後に得られる小強化"という，強化量と強化遅延時間の2次元において異なる選択場面において，前者への選好をセルフ・コントロール，後者への選好を衝動性と定義し，セルフ・コントロール選択の数理モデルの構築や選好に影響する要因の探索が行われてきました。セルフ・コントロール選択を測定するための選択手続きとして，並立連鎖スケジュールがよく用いられます（Ito & Nakamura, 1998；Logue, Peña-Correal, Rodriguez & Kabela, 1986）。並立連鎖スケジュー

ルとは，複数の強化スケジュールが作動している状態で，各スケジュールにおいて，強化の要件を満たしたならば，刺激変化と共に別の強化スケジュールへと移行する（各スケジュールが連鎖スケジュールになっている）ものを指します。セルフ・コントロール選択場面に並立連鎖スケジュールを応用した手続きの模式図を，図4-4に示します。

　図4-4では，選択肢である2つの操作体のそれぞれに対して，VI 10秒スケジュールが作動しています。また，反応の切り替えに対しては，3秒のCODが付加されます。この点では，前節の並立スケジュールと同様です。しかし，各選択肢への反応が強化される際の強化事象は，得点の増加ではなく，別の強化スケジュール（ここでは，固定時間 [fixed time: FT] スケジュール）への移行になります。そのとき，選択肢が消失するという刺激変化が伴います。FTスケジュールは，所定の時間が経過すると，自動的に強化へと至るスケジュールです。ここでは，前節と同様に得点を強化子とします。右選択肢は，FTスケジュールのスケジュール値で定義された遅延時間が左選択肢よりも短く，1強化あたりの得点数によって定義された強化量が左選択肢よりも少なくなっています。従って，右選択肢の選択は衝動的選択，左選択肢の選択はセルフ・コントロール選択となります。右選択肢で強化された後，次のサイクルが開始するまでの間に5秒間の遅延時間があります。これはタイ

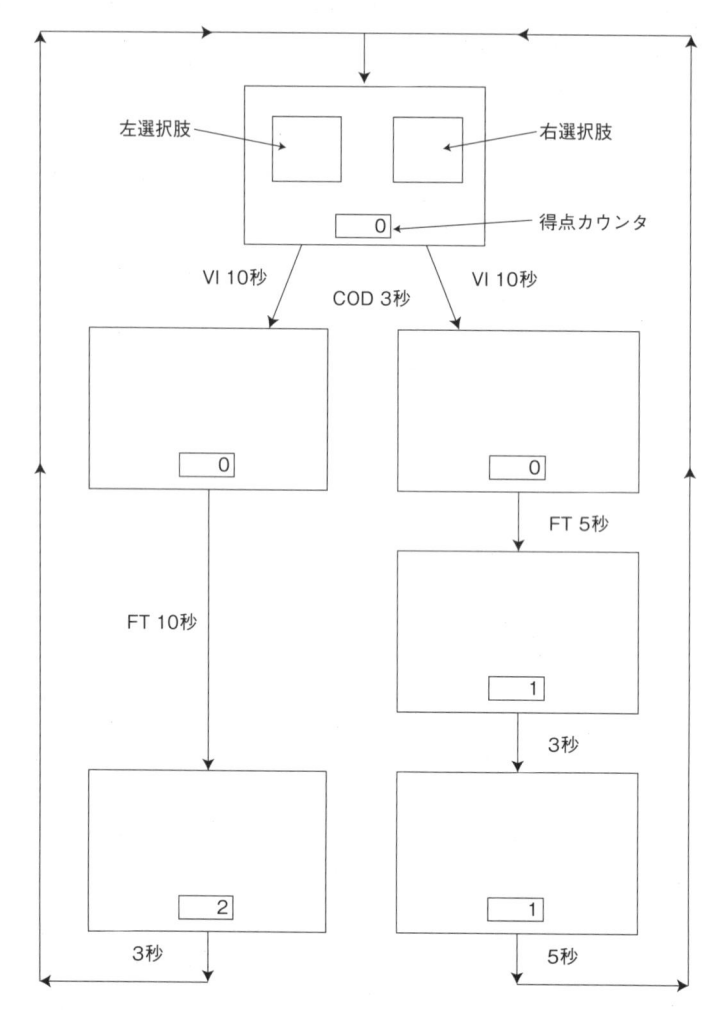

図4-4　このプログラムで実現する並立連鎖スケジュールの模式図

ムアウトと呼ばれ，選択肢間で強化率を等しくするための工夫です。タイムアウトがないと，右選択肢の方が，強化率が高くなり，このことが選好に影響を及ぼす可能性があります。タイムアウトの挿入は，それを防ぐための手続きです。タイムアウトは，選好に影響する変数の1つと考えられます（Ito & Nakamura, 1998）ので，ここで紹介するプログラムでは，タイムアウトの有無を条件入力画面で指定できるようにします。

セルフ・コントロール選択の測定に並立連鎖スケジュールを用いることの利点は，選択反応とそれ以外の反応を操作的に分離できることにあります。連鎖スケジュールを構成する各強化スケジュールのことをリンク（link）といい，VI 10秒スケジュールが作動しているリンクを初環（または第1リンク），FTスケジュールが作動しているリンクを終環（または第2リンク）と呼びますが，初環が選択場面であること，終環が選択内容を経験する場面であることから，前者を選択期（choice phase），後者を結果受容期（outcome phase）と呼びます。選択期での反応は，選択反応として解釈でき，結果受容期での反応は，完了反応などの，選択結果を処理したり，摂取したりするための反応として解釈できます。図4-4のVIスケジュールのスケジュール値が左右で等しくされているのは，選択反応を偏りなく取得するためです。もし，選択期において選択肢間で反応数に違いが出たならば，それは結果受容期の強化スケジュール間における選好の違いを反映するものと考えられます。

それでは，図4-4の並立連鎖スケジュールを実現するためのプログラムについて解説します。4.1で紹介したプログラムと同様に，このプログラムも条件入力フォーム（ParameterSettings）と実験画面フォーム（ConcChain）からなります。スタートアップフォームは実験画面フォームとし，条件入力時には処理が一時的に条件入力フォームに移ります。条件入力が終了したら，処理が再び実験画面フォームへと戻ります。4.1と同様の方法で，フォームを2つ準備します。条件入力フォームの名前は，4.1と同じ，ParameterSettingsとします。このフォームに条件入力のためのコントロールを配置した様子を図4-5に示します。スペースの都合上，一部のコントロールについてのみ名称を加え

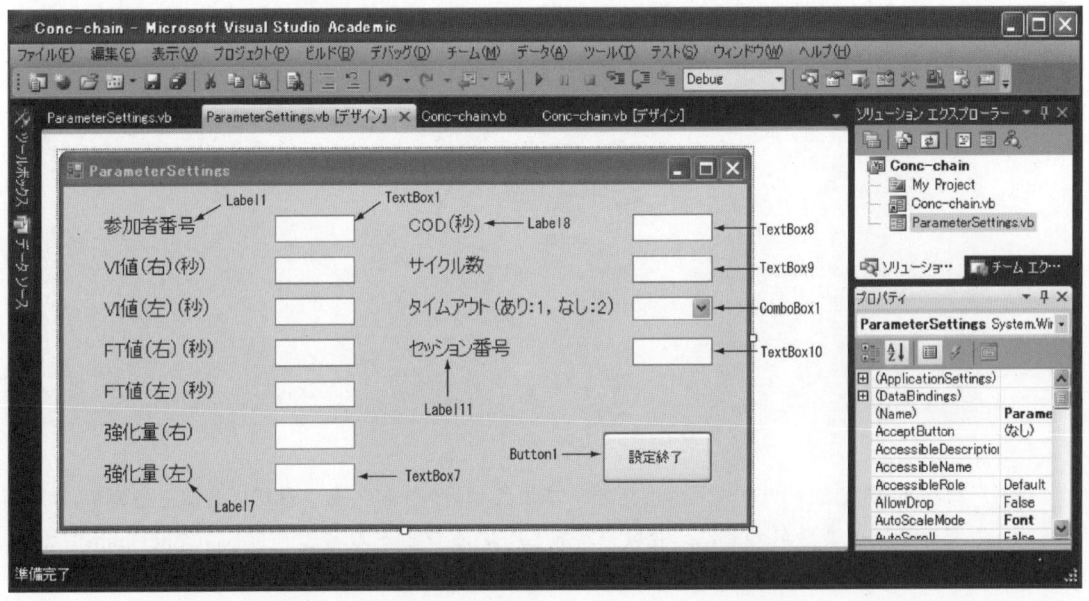

図4-5 並立連鎖スケジュールの条件入力フォーム（コントロール名と矢印は付加しました）

ました。このプログラムで入力する条件は，4.1 の並立スケジュールの場合とほぼ同様ですが，遅延時間を操作するための FT 値とタイムアウトの有無が新たに加わりました。タイムアウトの入力部分では，テキストボックスではなく，ComboBox（コンボボックス）を用いました。コンボボックスは，入力内容が何通りかに限定されている場合，その候補を表示し，ユーザはその中から選択するという方法で値を確定するコントロールです。タブオーダーについては，4.1 で設定方法を説明しましたので，そちらを参照してください。では，このフォームについてコードを記述していきます。フォームをクリックすると，ParameterSettings_Load にコードを記述するためのウィンドウが開きます。ここには，以下のコード 12 を記述します。

コード 12

```
Private Sub ParameterSettings_Load(ByVal ...
    Me.Left = ConcChain.Width / 2 - Me.Width / 2
    ComboBox1.Items.Add(1)
    ComboBox1.Items.Add(2)
End Sub
```

2 行目は 4.1 のプログラムと同様で，フォームの位置（左右）を中央に移動させています。その下の 2 行のコンボボックスに関するコードでは，タイムアウトの有無について，1 または 2 が選択できるように候補を指定しています。次に，フォーム上の"設定終了"のボタンがクリックされたときの処理を以下に示します。

コード 13

```
Private Sub Button1_Click(ByVal ...
    ConcChain.Sno = TextBox1.Text
    ConcChain.Vi_ValueR = TextBox2.Text
    ConcChain.Vi_ValueL = TextBox3.Text
    ConcChain.DelayR = TextBox4.Text
    ConcChain.DelayL = TextBox5.Text
    ConcChain.NrefR = TextBox6.Text
    ConcChain.NrefL = TextBox7.Text
    ConcChain.Cod = TextBox8.Text
    ConcChain.NCycle = TextBox9.Text
    ConcChain.Timeout = ComboBox1.Text
    ConcChain.SessionNum = TextBox10.Text
    Me.Close()
End Sub
```

コード 13 では，テキストボックスやコンボボックスに入力されている値を各変数に格納しています。変数名の前に，変数を定義しているフォーム名とドット（ConcChain.）が付加されていることに注意してください。変数の格納が終了すると，Me.Close（ ）により条件入力フォームは閉じられて，処理は実験画面フォームへと戻ります。

それでは次に，実験画面フォームを作成します。このフォームは，4.1 で作成した並立スケジュールのプログラムを修正することにより作成しますので，変更部分のみを以下に示します。まず，タイマーコントロールを 1 つ（Timer2）増設します。これは，FT 値が満たされたかどうかを判断するときに用います。次に，グローバル変数として，以下の変数を宣言します。4.1 で作成したプログラムに以下のコード 14 を付加してください。

コード 14

```
Public DelayR As Single          'FT 値（右）
Public DelayL As Single          'FT 値（左）
Public Timeout As Integer        'タイムアウトあり：1, タイムアウトなし：2

Dim StartTime3 As Long           '強化期開始時間(StartTime2 は遅延開始時間になります)
Dim DelayF As Boolean            '遅延の経過状況を示す変数
Dim ColorChangeF As Boolean      '得点カウンタの色の状態を示す変数
Dim CurrentDelay As Single       '現サイクルにおける遅延時間を示す変数
```

各変数の具体的な意味は後述します。次に，Form1_Load に以下のコード 15 を付加してください。新たに増設したタイマーの設定と変数の初期値の設定です。

コード 15

```
Timer2.Enabled = False
Timer2.Interval = 50
DelayF = False
ColorChangeF = False
```

次に，Label1_MouseDown の経過時間をチェックしている If ステートメントの部分にいくつか書き加えます。書き加えた部分をボールド体で示しました。

コード 16

```
If CurrentTime-StartTime1+AdjustmentR>=ViR(aR)*Vi_ValueR And CodF=False Then
    Duration(Cycle)=CurrentTime-StartTime1
    Label1.Visible=False
    Label2.Visible=False
    Entry(Cycle)=1
    StayR(Cycle)=StayR(Cycle)+CurrentTime-StayRStartTime
    DelayF=False
    CurrentDelay=DelayR
    StartTime2=CurrentTime
    Timer2.Enabled=True
End If
```

DelayF は，後に FT 値が満たされて遅延経過後の処理を行う際に True となり，それ以

後の処理が1回だけ行われるようにするための変数です。CurrentDelayには，現サイクルにおける遅延時間の長さが格納されます。遅延時間の処理を記述するタイマーは，増設したTimer2ですので，End Ifの直前では，このタイマーの作動を開始しています。

Label2_MouseDownについても同様に書き加えますが，CurrentDelay = DelayLとなっていることに注意してください。

コード 17

```
If CurrentTime-StartTime1+AdjustmentL>=ViL(aL)*Vi_ValueL And CodF=False Then
    Duration(Cycle)=CurrentTime-StartTime1
    Label1.Visible=False
    Label2.Visible=False
    Entry(Cycle)=2
    StayL(Cycle)=StayL(Cycle)+CurrentTime-StayLStartTime
    DelayF=False
    CurrentDelay=DelayL
    StartTime2=CurrentTime
    Timer2.Enabled=True
End If
```

次に，コード16やコード17で動作を開始したTimer2_Tickに記述するコードを，コード18に示します。

コード 18

```
Private Sub Timer2_Tick(ByVal ...
    CurrentTime = Microsoft.VisualBasic.Timer
    If CurrentTime - StartTime2 >= CurrentDelay And DelayF = False Then
        DelayF = True
        AddF = False : PrepareF = False : ColorChangeF = False
        Timer1.Enabled = True
        StartTime3 = CurrentTime
        Timer2.Enabled = False
    End If
End Sub
```

2行目で現在の時間を取得しています。3行目のIfステートメントでは，遅延が開始してから現在までの時間（CurrentTime − StartTime2）が，現サイクルに指定された遅延時間（CurrentDelay）以上であり，かつ，現サイクルにおいて以降の処理が1度も行われていない（DelayF = False）ならば，各種変数の値を設定し，強化の処理を行うTimer1の作動を開始し，強化期開始時間に現在の時間を格納し（StartTime3 = CurrentTime），Timer2の作動を停止しています。Ifステートメントの次の行のDelayF = Trueは，IfからEnd Ifの間に書かれた処理が1度だけ実行されるようにするために値が変更されています。

では，次に，Timer1_Tickの変更部分について説明します。Timer1_Tickでは，まず，If

AddF = False Then から End If の間で，得点を加算し，累積得点を得点カウンタに表示し，カウンタの色を黄色に変化させ，ビープ音を呈示しています．この End If の後に，次に行う処理（強化期である3秒の計測とタイムアウトの実現）として，以下のコード19を書き加えます．

コード19

```
    If CurrentTime-StartTime3 < 3 Then Exit Sub
    If ColorChangeF=False Then
        ColorChangeF=True
        Label3.BackColor=Color.White
    End If
    If Timeout=1 Then
        If Entry(Cycle)=1 Then
            If DelayR<DelayL And CurrentTime-StartTime3-3<DelayL-DelayR
        Then Exit Sub
        ElseIf Entry(Cycle)=2 Then
            If DelayR>DelayL And CurrentTime-StartTime3-3<DelayR-DelayL
        Then Exit Sub
        End If
    End If
```

最初の行では，強化期が開始してから3秒以上が経過していなければ，次へ進まずにこのルーチンを抜け出る（Exit Sub）ように記述しています．強化期が終了するとカウンタの色を黄色から白色に戻す必要がありますので，次の行の，If ColorChangeF = False Then で始まる If ステートメントでは，その処理を行っています．

次に，If Timeout = 1 Then で始まる If ステートメントで，Timeout = 1（タイムアウトあり）の場合には，Entry（Cycle）（どちらの選択肢で強化されたか）に応じて，現サイクルで，タイムアウトを挿入する必要があるかどうか（右選択肢で強化された場合に DelayR < DelayL，左選択肢で強化された場合に DelayR > DelayL であるかどうか），ある場合，所定の長さのタイムアウトが経過しているかどうか（CurrentTime − StartTime3 − 3 が，DelayL と DelayR との差以上かどうか）が，確かめられています．これらの条件が満たされていない場合には，次へ進まずにこのルーチンを抜け出るように記述しています．

最後に，並立スケジュールのプログラムにおける If CurrentTime − StartTime2 >= 3 And PrepareF = False Then（コード11の1行目）を，If PrepareF = False Then に書き換えます．時間経過のチェックは，これ以前の部分で既に行っていますので，ここでは，この If ステートメント内の処理が1度だけ実行されるように書き換えるだけで良いのです．4.1で作成した並立スケジュールを，セルフ・コントロール選択測定用の並立連鎖スケジュールに書き換える作業はこれで終了です．

4.3 価値割引

　価値割引（discounting）とは，種々の要因によって報酬（強化子）の主観的価値が低下する現象のことを指します。価値割引の要因として最もよく取り上げられるのは，報酬までの遅延時間（delay）です。すなわち，"今すぐもらえる10000円"は，"1ヶ月後にもらえる10000円"よりも好まれますが，これは，1ヶ月という待ち時間によって10000円の価値が低下したためと考えることができます。これを遅延割引（delay discounting, temporal discounting）と呼びます（Green & Myerson, 2004；Rachlin, Raineri & Cross, 1991）。

　価値割引の測定方法は，これまでに様々考案されてきました（Johnson & Bickel, 2002；Kirby & Maraković, 1996；Mitchell, 1999；Rachlin et al., 1991；Richards, Zhang, Mitchell & de Wit, 1999）が，その多くは，"割引要因の含まれている報酬との間で主観的に等価な，割引要因を含まない報酬量を求める"というものです。たとえば，遅延割引の場合，"1ヶ月後にもらえる10000円"との間で主観的に等価な，今すぐもらえる報酬額を測定します。この値は，通常10000円よりも低い値となるので，そこから，どの程度主観的価値が割り引かれたかが明らかになるのです。

　このように，価値割引研究が，他の選択行動研究と手続き上大きく異なる点は，従属変数として，各選択肢への行動配分ではなく，主観的等価点を採用していることですが，それに加え，実験参加者が選択肢の内容（報酬量，遅延時間）を実際には経験しない仮想の選択場面が用いられることが多いということです。従って，遅延割引測定の場合，"1ヶ月後にもらえる10000円"といった選択肢を，実験参加者に言語的に呈示し，もらえるとしたらどちらを好むかを選択させる方法がよく用いられます。ここで紹介するプログラムもこのような手続きに基づいています。

　主観的等価点の具体的な測定方法としては，極限法（Rachlin et al., 1991），恒常法（Mitchell, 1999），ランダム調整法（Johnson & Bickel, 2002；Richards et al., 1999）といった心理物理学（psychophysics）的測定法が用いられますが，ここでは，実験参加者の選択に応じて即時報酬量を増減させることによって主観的等価点を求める調整法のプログラムを紹介します。

　図4-6は，ここで紹介する主観的等価点測定手続きの模式図を表しています。左の選択肢には，"1年後にもらえる10000円"，右の選択肢には，"今すぐもらえる5000円"とあります。左の選択肢は，実験セッション（このプログラムでは，1セッションは30試行から成ります）を通じて内容が固定した標準選択肢で，右の選択肢は，試行ごとに報酬額が変化する調整選択肢です。どちらの選択肢が選ばれた場合でも，3秒の試行間間隔を経て次試行に移行しますが，調整選択肢が選ばれた場合，次試行では，調整選択肢の報酬額が4500円に減少します。一方，標準選択肢が選ばれた場合，次試行では，調整選択肢の報酬額が5500円に増加します。このように，試行間で調整選択肢の報酬額が，実験参加者の選択に応じて増減することにより，"1年後にもらえる10000円"と等価な即時報酬額が測定されるのです。セッション終了時における調整選択肢の報酬額を主観的等価点とします。

　プログラムは，条件入力フォーム（ParameterSettings）と，実験画面フォーム（Discount）から成ります。フォームの追加方法については，4.1を参照してください。まず，条件入力フォームから説明します。条件入力フォームを図4-7に示します。4.1や4.2で

4.3 価値割引

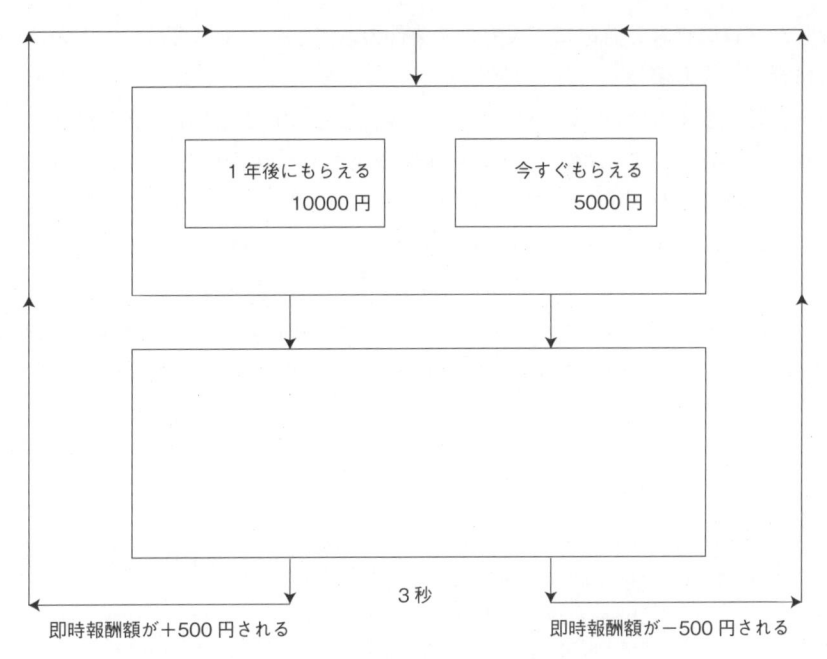

図4-6 このプログラムで実現する主観的等価点測定法の模式図

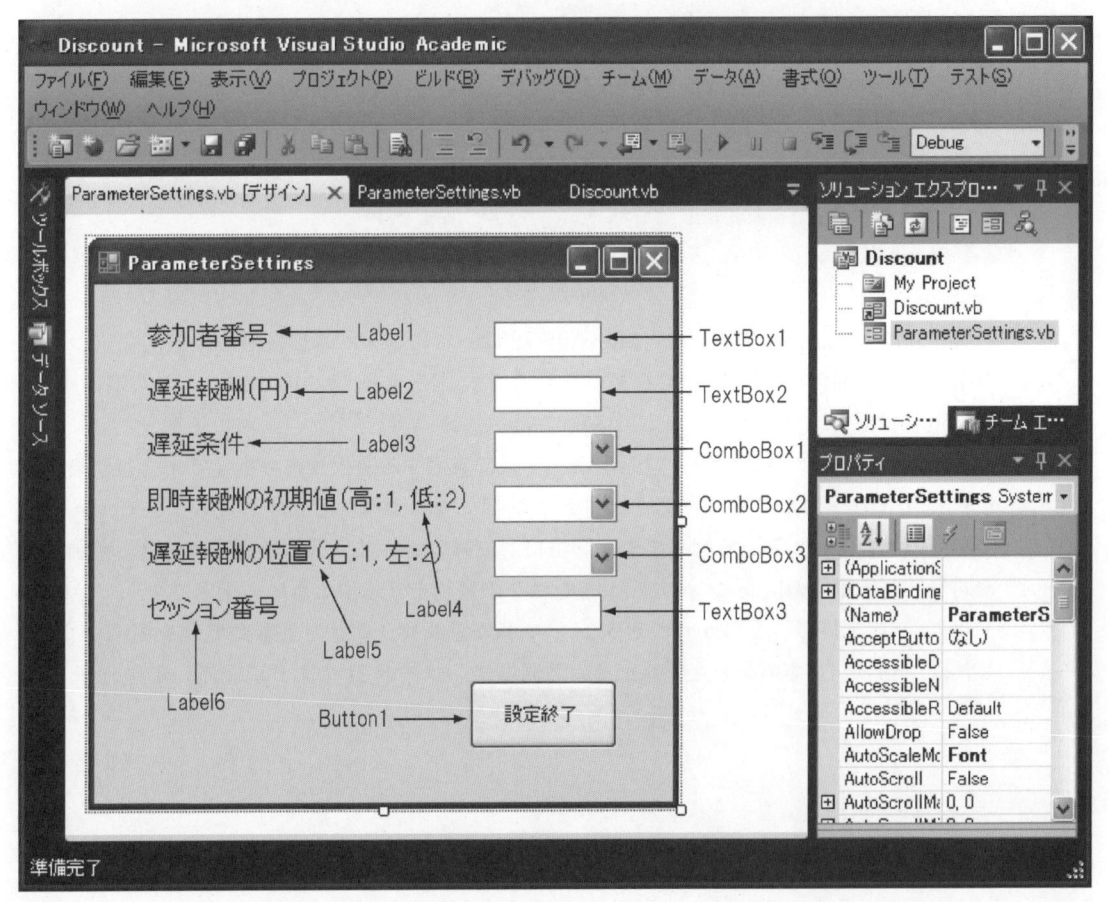

図4-7 主観的等価点測定法の条件入力フォーム（コントロール名と矢印は付加しました）

紹介したプログラムと同様に，入力する条件の名前をラベルに表示し，入力はテキストボックスに行い，入力が終了したらボタンをクリックすることで，このフォームを閉じ，実験画面へと移行します。ただし，ここでは，条件の入力にテキストボックス以外にコンボボックスも用いています。これは，4.2 でも紹介しましたが，入力内容が何通りかに限定されている場合，その候補を表示し，ユーザはその中から選択するという方法で値を確定するコントロールです。この場合，遅延条件，即時報酬の初期値，遅延報酬（の位置）は，取りうる値がいくつかに限定されていますので，コンボボックスが使えます。

　それでは，条件入力のフォームについて，コードを記述していきます。基本的には 4.1 や 4.2 のプログラムと同じ書き方です。ParameterSettings_Load にコード 20 のように記述します。

コード 20

```
Private Sub ParameterSettings_Load(ByVal ...
    Me.Left = Discount.Width / 2 - Me.Width / 2
    ComboBox1.Items.Add("1ヶ月")
    ComboBox1.Items.Add("6ヶ月")
    ComboBox1.Items.Add("1年")
    ComboBox1.Items.Add("5年")
    ComboBox1.Items.Add("10年")
    ComboBox1.Items.Add("25年")
    ComboBox1.Items.Add("50年")
    ComboBox2.Items.Add(1)
    ComboBox2.Items.Add(2)
    ComboBox3.Items.Add(1)
    ComboBox3.Items.Add(2)
End Sub
```

　Me.Left = Discount.Width/2 - Me.Width/2 は，このフォームの左右の位置関係についての指定で，画面の中央に配置するというものです。Me.Left はこのフォームの左端の座標，Discount は，実験画面のフォームの名前です。

　その下の行以降の 7 行では，コンボボックスに表示する選択候補の指定です。遅延条件として，"1ヶ月" から "50年" の 7 条件から選択できるようにします。このように，候補が文字列の場合には，" " で囲みます。同様に，以降の 4 行は，調整選択肢における報酬量の初期値と遅延報酬の位置について，1 または 2 の候補を表示するための指定です。

　次に，"設定終了" と書かれたボタンをマウスでクリックしたときの処理を説明します。これは，4.1 や 4.2 で紹介したプログラムと同様に，コード 21 のように記述します。

コード21

```
Private Sub Button1_Click(ByVal ...
    Discount.Sno = TextBox1.Text
    Discount.Astd = TextBox2.Text
    Discount.Delay = ComboBox1.Text
    Discount.IAadj = ComboBox2.Text
    Discount.SideS = ComboBox3.Text
    Discount.SessionNum = TextBox3.Text
    Me.Close()
End Sub
```

　テキストボックスに入力された内容を，各変数へと格納します。このとき，格納先の変数は，実験画面フォーム（Discount）内で定義された変数ですので，Discount.Snoのように，変数名の前に，フォーム名とドットを付加します。最後は，Me.Close（）で，このフォームを閉じ，実験画面フォームに処理を戻します。

　では次に，実験画面フォームについて説明します。このフォームには，Discountという名前をつけました。Discountのフォーム上にコントロールを配置した様子を図4-8に示します。遅延時間と報酬量の書かれた2つのラベルが選択肢になります。ラベルに選択肢の内容が示されていますが，これは，表示されたときの様子を示すために記入しました。選択肢の内容や位置は，入力された条件に応じて変化しますが，それはコードの記述で実現します。タイマーはITIと次試行の準備のために使用します。このフォームでは，グローバル変数として，以下のものを指定します。

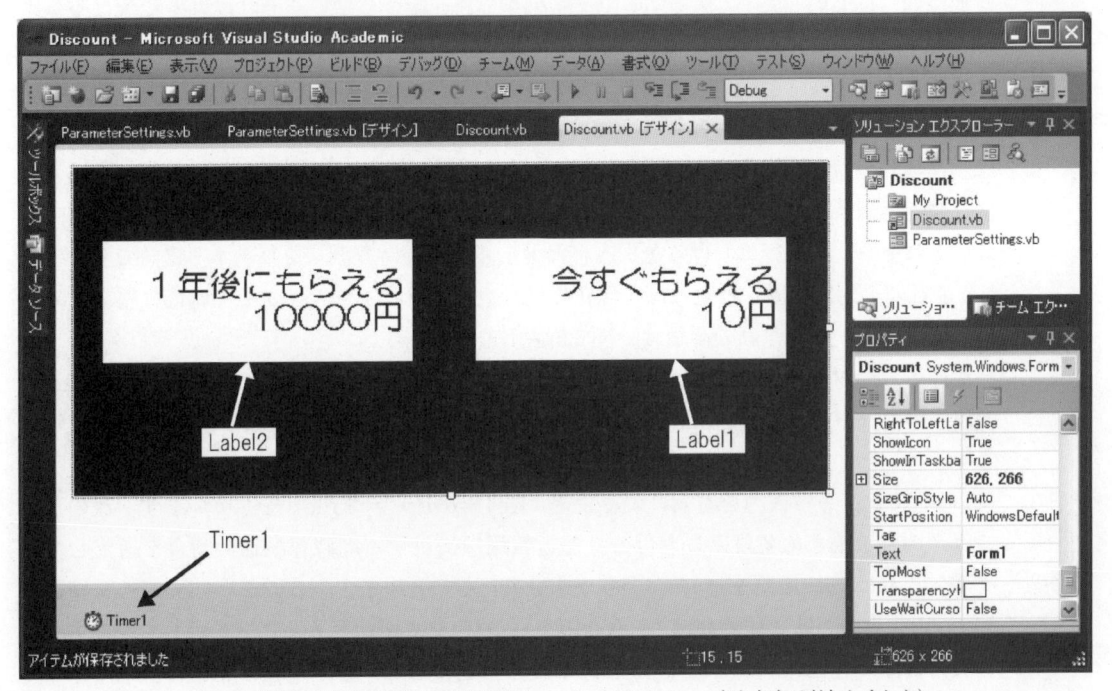

図4-8　主観的等価点測定法の実験画面フォーム（コントロール名と矢印は付加しました）

コード 22

```
Public Sno As String                '参加者番号
Public Astd As Integer              '(標準選択肢の) 遅延報酬額 (円)
Public Delay As String              '遅延時間
Public IAadj As Integer             '調整選択肢の初期値 (高:1, 低:2)
Public SideS As Integer             '標準選択肢は右側:1, 標準選択肢は左側:2
Public SessionNum As Integer        'セッション番号
Const Ntrial = 30                   '試行数
Const ITI = 3                       '試行間間隔 (秒)

Dim r(0 To 30) As Single                    '遅延報酬額に対する即時報酬額 (調整選択肢) の割合
Dim Aadj(0 To Ntrial) As Integer            '各段階における即時報酬額 (調整選択肢)
Dim Choice(0 To Ntrial) As Integer          '各試行における選択 (標準:1, 調整:2)
Dim CurrentAadj(0 To Ntrial) As Integer     '各試行で呈示された即時報酬額

Dim Trial As Integer                '現在の試行数
Dim AdjNum As Integer               '現在の Aadj( ) の要素番号
Dim StartF As Boolean               'セッションの開始状態を示す変数 (フラグ)
Dim PrepareF As Boolean             '次試行の準備状態を示す変数 (フラグ)
```

空白行を入れて大きく3種類に分けました。最初の部分では，独立変数を主に配置しました。最初の6つの変数は，条件入力フォームで内容が指定される変数です。従って，このフォーム以外のフォームでも扱えるように，Public で宣言しました。被験者番号 (Sno) と遅延時間 (Delay) は，文字ですので文字列型 (String) として，それ以外の変数は整数型 (Integer) として定義しています。次に，試行数 (Ntrial) と試行間間隔 (ITI) はそれぞれ，30試行，3秒，と固定した値を取るので定数 (Const) として定義しました。

2番目の部分に配置した変数は，調整報酬量の指定と従属変数に関するものです。r ( ) は，遅延報酬量に対する即時報酬量の割合を示す変数です。詳細は後述します。Aadj ( ) は，遅延報酬量に r ( ) を乗じて得られる即時報酬量です。Choice ( ) と CurrentAadj ( ) は，それぞれ，各試行における選択内容と呈示された即時報酬量を格納する変数です。

3番目の部分に配置した変数は，現在の試行数など，種々のデータを一時的に格納するための変数です。それぞれの詳細は，後で解説します。

次に，このフォームが実行されたときに，最初に処理される内容である Form1_Load に記述するコードのうち，ParameterSettings.ShowDialog ( ) までの部分をコード23に示します。

1行目では，キー入力を有効にする設定 (KeyPreview = True) をしています。次の数行では，調整手続きの各段階における，遅延報酬額に対する即時報酬額の割合を指定しています。これは，30段階を通して，1.0 から 0.001 まであります。このことは，遅延報酬額が 10000円の場合，即時報酬額は，10000円から10円まで変化しうることを示しています。条件入力の際，遅延報酬額として 1000円未満を指定すると，小さい値が正確に表示できなくなりますので注意が必要です。この割合の値は，ラックリンら (Rachlin et al., 1991) と同じ値を用いました。

コード 23

```
Private Sub Form1_Load(ByVal ...
    KeyPreview=True
    r(1)=1.0:r(2)=0.99:r(3)=0.98:r(4)=0.96:r(5)=0.94:r(6)=0.92:
    r(7)=0.9:r(8)=0.85:r(9)=0.8:r(10)=0.75:r(11)=0.7:r(12)=0.65:
    r(13)=0.6:r(14)=0.55:r(15)=0.5:r(16)=0.45:r(17)=0.4:
    r(18)=0.35:r(19)=0.3:r(20)=0.25:r(21)=0.2:r(22)=0.15:r(23)=0.1:
    r(24)=0.08:r(25)=0.06:
    r(26)=0.04:r(27)=0.02:r(28)=0.01: r(29)=0.005:r(30)=0.001
    Label1.Visible=False:Label2.Visible=False
    Label1.Top=2/5*Me.Height-Label1.Height/2
    Label1.Left=3/4*Me.Width-Label1.Width/2
    Label2.Top=Label1.Top
    Label2.Left=1/4*Me.Width-Label1.Width/2
    ParameterSettings.ShowDialog()
```

次の数行では，選択肢である Label1 と Label2 のフォーム内での位置を決めています．どちらの選択肢も，画面の上端から，画面の高さの 2/5 の位置にラベルの中心が来るように配置し，左右の位置については，Label1 は画面の左端から，画面の幅の 3/4 の位置にラベルの中心が来るように配置し，Label2 は画面の左端から，画面の幅の 1/4 の位置にラベルの中心が来るように配置するよう指定しています．ParameterSettings.ShowDialog() で，条件入力フォームへと処理が移ります．条件入力フォームでの処理は前述しました．すなわち，条件の値が指定された状態で，処理が戻ってきます．Form1_Load におけるそれ以降の処理を，コード 24 に示します．

最初の 4 行では，標準選択肢の報酬量（遅延報酬量）に 30 段階の割合を乗じて，調整の各段階における調整選択肢の報酬量（即時報酬量）を算出しています．次の If ステートメントでは，即時報酬量の初期値のレベルを表す IAadj の値に応じて，調整の 1 段階目からはじめるのか，30 段階目から始めるのかを指定しています．これで，第 1 試行目において呈示される選択肢の内容が確定しましたので，次の If ステートメントでは，標準選択肢の左右の位置を表す SideS の値に応じて，各ラベルに，1 試行目で表示する選択肢の内容を指定しています．

最後に，ITI の測定と次試行の準備のための処理を担う Timer1 の動作を停止状態とし，Interval 値を ITI の時間間隔に設定し，現在の試行数を 1 に指定し，セッション開始状態を示す StartF の値を False にして，セッションがまだ開始していないことを示します．これで，実験の準備が整いました．

コード 24

```
    Dim i As Integer
    For i = 1 To 30
        Aadj(i) = Astd * r(i)
    Next
    If IAadj = 1 Then
        AdjNum = 1
    Else
        AdjNum = 30
    End If
    If SideS = 1 Then
        Label1.Text = Delay & "後にもらえる" & Astd & "円"
        Label2.Text = "    今すぐもらえる" & Aadj(AdjNum) & "円"
    ElseIf SideS = 2 Then
        Label2.Text = Delay & "後にもらえる" & Astd & "円"
        Label1.Text = "    今すぐもらえる" & Aadj(AdjNum) & "円"
    End If
    Timer1.Enabled = False
    Timer1.Interval = ITI * 1000
    Trial = 1 : StartF = False
End Sub
```

プログラムを実行すると，画面全体が暗くなり，その前面に条件入力画面が表示されます。条件を入力して"設定終了"ボタンをクリックすると，条件入力フォームが消え，画面全体が暗くなります。実験を開始するには，キーボード上のsキーを押します。すると，画面上に選択肢が表示されます。そのときの処理をコード25に示します。

コード 25

```
Private Sub Discount_KeyPress(ByVal ...
    If e.KeyChar = "s" And StartF = False Then
        StartF = True
        Label1.Visible = True
        Label2.Visible = True
    ElseIf e.KeyChar = "e" Then
        Me.Close()
    End If
End Sub
```

Ifステートメントでは，sキーが押され，StartF = Falseのときに条件内容が満たされ，その下の3行が実行されます。すなわち，StartF = True（sキーを押したときの処理が一度しか実行されないようするための工夫です）に設定され，選択肢であるLabel1とLabel2が画面上に表示されます。また，プログラムを実行中にeキーが押されると，実験セッションは終了することが，ElseIf以降の部分に書かれてあります。

実験が開始すると，実験参加者が画面上の選択肢のいずれかをマウスで選択するまで，待

ち状態となります。どちらかの選択肢に対してマウスのボタンの押し下げ（MouseDown）が生じると処理が進行します。Label1 に反応があった場合の処理をコード 26 に示します。

コード 26

```
Private Sub Label1_MouseDown(ByVal ...
    Label1.Visible = False
    Label2.Visible = False
    If SideS = 1 Then
        Choice(Trial) = 1
    Else
        Choice(Trial) = 2
    End If
    PrepareF = False
    Timer1.Enabled = True
End Sub
```

Label1 に MouseDown のイベントが生じると，両方の選択肢が消失し（Label1.Visible = False と Label2.Visible = False），標準選択肢の位置に応じて，選択内容が記録されます。Choice（ ）には，その試行で標準選択肢が選択されたならば 1，調整選択肢が選択されたならば 2 が格納されます。最後に，PrepareF = False とされ（後に解説します），Timer1 の動作が開始して処理は終了します。

Label2 に MouseDown イベントが生じた場合の処理をコード 27 に示します。Choice（ ）の内容が Label1 の場合とは逆になるだけで，その他の点は，コード 26 と同様です。

コード 27

```
Private Sub Label2_MouseDown(ByVal ...
    Label1.Visible = False
    Label2.Visible = False
    If SideS = 1 Then
        Choice(Trial) = 2
    Else
        Choice(Trial) = 1
    End If
    PrepareF = False
    Timer1.Enabled = True
End Sub
```

上述のように，選択肢に反応があると，Timer1 が作動を始めます。Form1_Load で指定したように，Timer1 の Interval 値は ITI の長さに合わせてありますので，画面に何も表示されていない状態で ITI が経過した後，Timer1 に記述した内容が実行されます。Timer1 での処理は，次の 3 つの順に進みます。選択に応じて調整選択肢の報酬量を変化させる，試行数を 1 プラスして試行数が所定の回数を満たせば結果をファイルに保存して終了する，試

行数が所定の回数を満たしていない場合には，選択肢を表示して次試行へと移行する．まず，このうちの最初の部分について，以下に示します．

コード 28

```
Private Sub Timer1_Tick(ByVal ...
    If PrepareF = True Then Exit Sub
    PrepareF = True
    CurrentAadj(Trial) = Aadj(AdjNum)
    If Choice(Trial) = 1 Then
        AdjNum = AdjNum + (AdjNum > 1)
    Else
        AdjNum = AdjNum - (AdjNum < 30)
    End If
```

最初の If ステートメントでは，PrepareF の値が True ならば，以下の処理を行わずにこの処理から抜け出ることを示しています．選択肢に反応したとき，PrepareF = False としましたので，タイマーが作動して最初にここに処理が進行したときには，処理は以下に進みます．しかし，その 1 行下で，PrepareF = True とされていますので，以降の処理は 1 度しか実行されません．さらにその 1 行下では，CurrentAadj (Trial) = Aadj (AdjNum) とありますが，これは，現試行で呈示された即時報酬量が，30 段階の調整報酬量のうちのどれであるかを指定しています．

最後の If ステートメントでは，現試行での選択に応じて，次試行の調整選択肢の報酬量を指定しています．現試行での選択が標準選択肢（遅延選択肢）であったならば（Choice (Trial) = 1），次試行では，調整段階数を表す AdjNum は 1 減少します（数字が増えるほど即時報酬量が減少するように系列が作られています）．ただし，AdjNum の値が 1 の場合には値を変更しません．AdjNum = AdjNum + (AdjNum > 1) は，AdjNum の値が 1 よりも大きい場合には，AdjNum の値を 1 減少させることを表しています．4.1 でも紹介したように，( ) の中身は，その中に記述された式が真の場合には −1，偽の場合には 0 となります．

一方，現試行での選択が調整選択肢（即時選択肢）であった場合（Choice (Trial) = 2）には，次試行では，AdjNum は 1 増加します．ただし，AdjNum の値が 30 の場合には値を変更しません．AdjNum = AdjNum − (AdjNum < 30) は，AdjNum の値が 30 よりも小さい場合には，AdjNum の値を 1 増加させることを表しています．

それでは，次に，上述の処理の続きに記述する内容をコード 29 に示します．試行数を 1 プラスして，所定の試行数が実行されたならば，実験結果をファイルに保存します．Trial = Trial + 1 で，試行数を 1 プラスしています．次の If ステートメントでは，Trial が Ntrial（この場合 30）よりも大きければ，結果をファイルに保存してプログラムを終了することが示されています．結果を保存するファイル名として，参加者番号とセッション番号をハイフンでつなげたものを指定します．ファイルに保存する内容としては，各試行における調整選択肢の報酬量と選択内容，そしてセッション全体を通して測定された主観的等価点です．最後にファイルを閉じ，フォームを閉じることによってプログラムを終了しています．

コード 29

```
    Trial = Trial + 1
    If Trial > Ntrial Then
        FileOpen(1, "d:¥" & Sno & "-" & SessionNum & ".txt", OpenMode.Output)
        Dim i As Integer
        For i = 1 To Trial - 1
            WriteLine(1, i, CurrentAadj(i), Choice(i))
        Next
        WriteLine(1, "等価点=", Aadj(AdjNum))
        FileClose(1)
        Me.Close()
    End If
```

それでは最後に，試行数が Ntrial よりも大きくない場合の処理を示します．上述のコードの続きに以下のコード 30 を記述します．

コード 30

```
    If SideS = 1 Then
        Label2.Text = "　　今すぐもらえる" & Aadj(AdjNum) & "円"
    ElseIf SideS = 2 Then
        Label1.Text = "　　今すぐもらえる" & Aadj(AdjNum) & "円"
    End If
    Label1.Visible = True
    Label2.Visible = True
    Timer1.Enabled = False
End Sub
```

標準選択肢の位置（SideS）に従って，調整選択肢を表示する Label に選択肢の内容を指定します．その後両方のラベルを表示し，Timer1 の作動を停止します．これにより，次試行が開始します．これで，調整法による主観的等価点を求めるためのプログラムは完成です．

コラム 4 「順序の無作為化」

本書のいくつかの部分で解説されているように，実験的行動分析では，実験で扱う数値や事象の系列（たとえば，見本合わせ課題における見本刺激の呈示順序や，VI スケジュールにおける各強化間隔の実施順序など）を，無作為な順序に並べ替える必要があります。この操作を行うときに重要な点は，各要素の順序を無作為化しつつ，系列全体として見たときに，各要素の出現頻度を一定にするということです。第 3 章と第 4 章では，それぞれ異なる方法でそれを実現していました。ここでは，さらに別の方法を紹介します。

今，0.1, 0.2, 0.3, …1.0 という 10 個の要素があるとします。これを無作為な順序で，かつどの要素も 1 回ずつ出現するように並べ替えたいとします。それを実現するためのコードを以下に示します。

```
Dim Dat(0 to 10) As Single
Dim Temp As Single
Dim A, B As Integer
Dim i As Integer

    Dat(1)=0.1:Dat(2)=0.2:Dat(3)=0.3:Dat(4)=0.4:Dat(5)=0.5
    Dat(6)=0.6:Dat(7)=0.7:Dat(8)=0.8:Dat(9)=0.9:Dat(10)=1.0
    Randomize()

    For i=1 To 5000
        A=Int(Rnd()*10)+1
        B=Int(Rnd()*10)+1
        Temp=Dat(A)
        Dat(A)=Dat(B)
        Dat(B)=Temp
    Next
```

最初の 4 行では使用する変数の宣言をしています。次の 2 行では，配列に数値を格納しています。配列の要素の順序のとおりに実行すると，値の小さいものから順番に実行されていきますので，その順序を無作為化します。その次の行では，Randomize( ) でランダム系列を再設定しています。

For ～ Next の部分では，次のことを行っています。まず，A = Int（Rnd（ ）* 10）＋ 1 と B = Int（Rnd（ ）* 10）＋ 1 で，A と B に，1 から 10 までの整数のいずれかが格納されます。次の 3 行では，少しわかりにくいですが，Dat（A）と Dat（B）の内容を交換しています。つまり，10 個の要素からなる配列の中から 2 つを無作為に選んで，その中身を交換しているのです。このような操作を 5000 回行っています。5000 という値は任意で，数値が大きいほど十分にシャッフルできると考えられます。

この方法は，筆者が岡山大学文学部の学部学生だった時に，実習の授業で教わりました。シャッフルの方法（アルゴリズム）が興味深く，今でも使用しています。

（佐伯大輔）

コラム5「実験結果の保存」

第4章で紹介したプログラムでは，実験終了時に実験結果をテキスト形式で保存するようにしました。この時，保存先のファイル名として，条件入力画面で設定した実験参加者番号とセッション番号を組み合わせた文字列を指定しました。これは，実験参加者ごと，および実験セッションごとにファイルを分けて保存するためです。この方法を用いた場合，誤って，既に実施済みの実験参加者番号やセッション番号を入力すると，以前に作成されたファイルと今回作成されるファイル名が同じになり，古いファイルを新しいファイルが上書きしてしまいます。ここでは，このようなミスが生じたときにもきちんと結果を保存するための工夫を紹介します。

ここで紹介する方法は，実験結果を保存するときに，同じ名前のファイルが既に存在しているかどうかをチェックし，もしある場合には，別のファイル名で保存するという方法です。ファイルの有無の確認は，File.Exists というメソッドによって行うことができます。たとえば，今保存しようとしているファイル名が，c:¥001-1.txt である場合，IO.File.Exists ("c:¥001-1.txt") の戻り値は，このファイルが存在するならば True，存在しないならば False になります。戻り値として True が帰って来た場合には，ファイル名を c:¥001-1 (2).txt 等に変更して結果を保存することで，新しいファイルが古いファイルを上書きするのを防げます。

（佐伯大輔）

引用文献

Ainslie, G. (1974). Impulse control in pigeons. *Journal of the Experimental Analysis of Behavior*, **21**, 485-489.

Baum, W. M., & Rachlin, H. C. (1969). Choice as time allocation. *Journal of the Experimental Analysis of Behavior*, **12**, 861-874.

Buskist, W. F., & Miller, Jr., H. L. (1981). Concurrent operant performance in humans: Matching when food is the reinforcer. *The Psychological Record*, **31**, 95-100.

Fleshler, M., & Hoffman, H. S. (1962). A progression for generating variable-interval schedules. *Journal of the Experimental Analysis of Behavior*, **5**, 529-530.

Green, L., & Myerson, J. (2004). A discounting framework for choice with delayed and probabilistic rewards. *Psychological Bulletin*, **130**, 769-792.

Herrnstein, R. J. (1961). Relative and absolute strength of response as a function of frequency of reinforcement. *Journal of the Experimental Analysis of Behavior*, **7**, 179-182.

Ito, M., & Nakamura, K. (1998). Humans' choice in a self-control choice situation: Sensitivity to reinforcer amount, reinforcer delay, and overall reinforcement density. *Journal of the Experimental Analysis of Behavior*, **69**, 87-102.

Johnson, M. W., & Bickel, W. K. (2002). Within-subject comparison of real and hypothetical money rewards in delay discounting. *Journal of the Experimental Analysis of Behavior*, **77**, 129-146.

Kirby, K. N., & Maraković, N. N. (1996). Delay-discounting probabilistic rewards: Rates decrease as amounts increase. *Psychonomic Bulletin & Review*, **3**, 100-104.

Lattal, K. A. (1991). Scheduling positive reinforcers. In I. H. Iversen and K. A. Lattal (Eds.), *Experimental Analysis of Behavior (Part 1)*. Elsevier, Amsterdam, pp.87-134.

Logue, A. W. (1988). Research on self-control: An integrating framework. *Behavioral and Brain Sciences*, **11**, 665-709.

Logue, A. W., Peña-Correal, T. E., Rodriguez, M. L., & Kabela, E. (1986). Self-control in adult humans: Variation in positive reinforcer amount and delay. *Journal of the Experimental Analysis of Behavior*, **46**, 159-173.

Mitchell, S. H. (1999). Measures of impulsivity in cigarette smokers and non-smokers. *Psychopharmacology*, **146**, 455-464.

Rachlin, H., & Green, L. (1972). Commitment, choice and self-control. *Journal of the Experimental Analysis of Behavior*, **17**, 15-22.

Rachlin, H., Raineri, A., & Cross, D. (1991). Subjective probability and delay. *Journal of the Experimental Analysis of Behavior*, **55**, 233-244.

Richards, J. B., Zhang, L., Mitchell, S. H., & de Wit, H. (1999). Delay or probability discounting in a model of impulsive behavior: Effect of alcohol. *Journal of the Experimental Analysis of Behavior*, **71**, 121-143.

注

1 ここで紹介するプログラムは，筆者が岡山大学文学部と大阪市立大学大学院文学研究科に在籍中に習得した技術に基づいています．

2 フレッシュラーとホフマン（Fleshler & Hoffman, 1962）の数式をコンピュータ・プログラムで実現する方法がラッタル（Lattal, 1991）に紹介されていることを教えてくださいました．大阪教育大学の大河内浩人先生に感謝します．

索　引

B・C
BackColor　82
ComboBox　123
Console.Beep　71

D
Debug.Print　24
Do Until ～ Loop　75
DRL スケジュール　54

E
e.Button　34
e.KeyChar　35
Enabled　21

F
FileClose ()　37
FileOpen ()　37
FI スケジュール　51
For ～ Next ステートメント　23
Form（フォーム）　3
Form_KeyPress　35
Form_Load　31
Form_MouseDown　34
FR スケジュール　45
FT スケジュール　120

G・I
GroupBox　84
If 文　15
Integer　14
Interval　21

K
Key_Press　35
KeyPreview　35

L
Label（ラベル）　27
Location　73

M
Maximized　109
Microsoft.VisualBasic.Timer　26
Mod　16

P・R
Public　109
Randomize ()　30
Rnd ()　30

S
Select Case　79
Single　14
Single　26
SizeMode　18
String　14
Sub プロージャ　57

T
TextBox　39
TimeOfDay　10
Timer 関数　25
Timer コントロール　21

V
Visible　18
VI 系列　106
VI スケジュール　52
VR スケジュール　49

W
WindowState　109

ア行
アウトプットモード　37
1 次元配列　58
イミディエイトウィンドウ　24

カ行
各選択肢への滞在時間　115
仮想の選択場面　126
価値割引　126
観察反応　90
完了反応　121
強化後休止　45
強化スケジュール　45
強化率　121
切り替え反応後の強化遅延　106
繰り返し処理　23
グローバル変数　26
結果受容期（outcome phase）　121
コントロール　3

サ行
刺激等価性　97
試行間間隔　126
実験画面フォーム　106
実行ファイル　63
終環　121
10 進数　102
修正手続き（矯正法）　81
主観的価値　126
主観的等価点　126
順序の無作為化　136
条件性弁別　88
条件入力フォーム　106
衝動性　119
初環　121
推移律　97
スキャロップ　51
正刺激による制御　91
セルフ・コントロール　119
0 秒遅延見本合わせ　90
選択型見本合わせ　88
選択期（choice phase）　121

タ行
対応法則　105
対称律　97
タイムアウト　120
多段階配列　58
タブオーダー　107
遅延時間　123
遅延割引　126
調整選択肢　126
調整法　126
ツールボックス　3
継時弁別手続き　74
等価率　97
等価クラス　97
同時弁別手続き　74

ナ行
2 次元配列　58
2 進数　102

ハ行

排他律　*90*
　　——による制御　*91*
配列　*28*
反射律　*97*
ビープ音　*117*
比較刺激　*88*
標準選択肢　*126*
ファイル操作　*37*
フォーカス　*107*
負刺激による制御　*91*
プロシージャ　*10*
プロパティウィンドウ　*6*
並立スケジュール　*105*
並立連鎖スケジュール　*119*
変数　*13*
弁別　*74*

マ行

見本合わせ　*88*
見本刺激　*88*
無差別（indifference）　*106*
文字列　*109*

ヤ・ラ行

予約語　*42*
乱数　*30*
リンク（link）　*121*
連鎖スケジュール　*121*
ローカル変数　*26*

責任監修者紹介

青山謙二郎
同志社大学心理学部教授

武藤　崇
同志社大学心理学部教授

執筆者紹介

中鹿直樹
立命館大学人間科学研究所客員研究員
執筆担当：第1章，第2章

佐伯大輔
大阪市立大学大学院文学研究科・准教授
執筆担当：第4章

桑原正修
駒澤大学文学部非常勤講師
執筆担当：第3章

はじめての行動分析学実験
Visual Basicでまなぶ実験プログラミング

2011年9月30日　初版第1刷発行　　　　定価はカヴァーに表示してあります

　　　　　監修者　日本行動分析学会
　　　　　発行者　中西健夫
　　　　　発行所　株式会社ナカニシヤ出版
　　〒606-8161　京都市左京区一乗寺木ノ本町15番地
　　　　　　　　　　　Telephone　075-723-0111
　　　　　　　　　　　Facsimile　075-723-0095
　　　　　　　Website　http://www.nakanishiya.co.jp/
　　　　　　　Email　iihon-ippai@nakanishiya.co.jp
　　　　　　　　　郵便振替　01030-0-13128

装幀＝白沢　正／印刷・製本＝ファインワークス
Copyright © 2011 by The Japanese Association for Behavior Analysis
Printed in Japan.
ISBN978-4-7795-0593-5

本書のコピー，スキャン，デジタル化等の無断複製は著作権法上での例外を除き禁じられています。本書を代行業者等の第三者に依頼してスキャンやデジタル化することはたとえ個人や家庭内の利用であっても著作権法上認められていません。

【付録の CD について】
- 付録の CD には，第 2, 3, 4 章の各節で解説しているプログラムのコード部分を収録してあります。たとえば，2.5「VI スケジュールの完成」で解説しているコードは 2-5_VI_completed.vb というファイル名で保存されてます。
- Visual Basic がインストールされている PC なら，ファイルをダブルクリックすれば自動的に Visual Basic が起動してコードが表示されます。
- また Visual Basic のコード（拡張子が vb のファイル）は，テキストファイルなのでメモ帳，テキストエディタ，MS-Word などのアプリケーションで開くことができます。自分の使いやすいアプリケーションで開いて確認しながら本書を読み進めてください。

【付録 CD-ROM ご利用上の注意】
- 本書付録 CD-ROM 内容の著作権は編者および執筆者に帰属します。
- 付録 CD-ROM 内に収録されているプログラム，データの使用は，すべてユーザー自身の責任において使用することとし，その使用の正当性や妥当性を問わず，ユーザーが受けたいかなる損害についても，編者，執筆者および発行元であるナカニシヤ出版は，一切の責任を負いません。
- 本 CD-ROM に収録または添付されているいかなる記述も，ユーザーのパソコン環境での動作を保証するものではありません。
- 本 CD-ROM 内に収録されているプログラムやデータの一部または全部を，編者，執筆者および発行元であるナカニシヤ出版に対する書面による許諾を得ずに複製，複写，転載，翻訳，改変，転用すること，および，放送や通信ネットワークで送信，配布することを固く禁じます。

＊本書に記載されている Windows, Visual Basic.NET などの社名やソフトウェア商品名，サービス名はそれぞれ各社が商標として登録しています。本書では，それらの会社名・製品名，サービス名などの商標表示®や TM を省略しました。